IRRATIONALLY
YOURS

怪诞行为学 3

非理性的你

[美] 丹 · 艾瑞里 / 著　[美] 威廉 · 赫斐利 / 绘
(Dan Ariely)　(William Haefeli)

杨清波 / 译

On Missing
Socks, Pick-up Lines,
and Other
Existential Puzzles

中信出版集团 · 北京

图书在版编目（CIP）数据

怪诞行为学.3，非理性的你 /（美）丹·艾瑞里著；
杨清波译. -- 2版. —北京：中信出版社，2017.12（2024. 3重印）
书名原文：Irrationally Yours: On Missing Socks,
Pick-up Lines and Other Existential Puzzles
ISBN 978-7-5086-8097-2

I. ①怪… II. ①丹…②杨… III. ①行为经济学–
通俗读物 IV. ①F069.9-49

中国版本图书馆CIP数据核字（2017）第213033号

怪诞行为学3：非理性的你

著　　者：[美]丹·艾瑞里
绘　　者：[美]威廉·赫斐利
译　　者：杨清波
出版发行：中信出版集团股份有限公司

承 印 者：北京通州皇家印刷厂

开　　本：880mm×1230mm　1/32　　印　　张：7.75　　字　　数：150千字
版　　次：2017年12月第2版　　印　　次：2024年3月第30次印刷
京权图字：01-2015-6583
书　　号：ISBN 978-7-5086-8097-2
定　　价：42.00元

本书献给行为古怪的人、复杂的事物，以及人性之美

目 录

引 言

下面这件事听起来可能比较合理：我具有观察与反思人类本性的能力，其根源在于我受到的伤害及其后续影响——被撕裂的少年时代，身体烧伤面积约70%的三级灼伤，将近三年的住院生活，每天遭受的巨大疼痛，反复遭遇的医疗系统失职，以及让我在大多数社交场合感到不自在的大面积伤疤。所有这些因素加在一起（这样就比较合理了），使得我可以更好地观察生活，也促使我开始研究社会科学。

请不要误解我的意思，我并不认为我受到的伤害是值得的，因为没有人能够合理地解释这些巨大的疼痛和痛苦。然而，伤害带给我的复杂感受、住院生活以及会伴随我一生的大面积伤疤和残疾，却成为我观察生活的“显微镜”。通过这一视角，我能够观察到人类的诸多痛苦。我曾经见过一些人，他们驾驭痛苦并最终战胜了痛苦；我也曾见过一些人，他们最终在痛苦面前低头认输。我曾体验过各种不同的医疗手段，接触过稀奇古怪的人际关系。在医院的病床上，我可以观察到周围人的正常生活，可以思考人类的习惯性行为，以及他们做出种种行为的原因。

由于我身上的伤疤、身体上的疼痛、那些看起来有些奇怪的医疗矫形支架，以及把我从头到脚裹起来的弹力绷带，在我出院之前，那种与正常生活隔绝的感受一直存在。当我重回现实生活时，我的视角变得开阔了，把一些更为稀松平常的活动纳入其中，包括购物、开车、做志愿者、与同事交往、冒险、打架，以及做出未经大脑思考的行为等。当然，还有一点，我察觉到了影响爱情生活的那种令人迷惑不解的关系。

带着这一视角，我开始研究心理学。很快，我的个人生活与职业生活就紧密地交织在一起了。我想起了那些减缓疼痛的安慰剂，于是开展实验来更好地了解关于疼痛治疗的预期效果；我想起了住院期间听到的一些坏消息，于是努力想要弄清楚如何以最佳方式向病人告知坏消息，以及其他一些与个人生活和职业生活相关的问题。随着时间的推移，我对于自己的决定和周围人的行为之间的关系了解得越来越多。这一切发生在大约 25 年之前，从那以后，我把大部分的时间都用于尽可能地了解人类本性这一问题上，重点关注人类在哪些方面容易犯错，以及可以采取什么措施来改进我们的决定、改善我们的行为，从而优化最终的结果。

多年以来，我一直在撰写有关这些问题的学术论文。之后，我开始以一种更加口语化、更少使用专业术语的写作方式撰写一些文章。可能是因为我曾详细地写过我的研究如何源自我个人的痛苦经历，许多人开始与我分享他们个人的艰难经历。有时候，他们非常好奇，想知道社会科学对于他们棘手的个人经历会有什么样的指导意义，但通常这些问题都是关于他们自己面临的挑战和做出的决定。

在我尽可能多地回答这些问题的过程中，我越来越强烈地感受到其中有些问题是具有普适性的。于是，2012 年，在征得提问者的同意之后，我开始通过我在《华尔街日报》上的专栏“艾瑞里问答”公开回答一些更为宽泛的问题。现在，你手里的这本书就包括了来自该专栏的一些经过编辑和补充的回复，另外还包括一些之前没有在媒体上出现过的问答。最为重要的一点是，本书还配有天才插画作家威廉·赫斐利的精美漫画。我认为这些漫画辅助、加深、提升了我的回复。

姑且不论我本人的解释能力如何，本书的建议是否宝贵、准确或者有用呢？书在你的手中，我相信你自会评判。

丹·艾瑞里

义务的升级

亲爱的丹：

你好！

每当圣诞节来临之际，我都觉得有必要给我认识的每一个人寄送圣诞贺卡，这导致我寄出的贺卡数量逐年增加。现在，这件事正变得让我无法控制。我能否改变一下这个习惯，只给我那些真正亲密的朋友寄送贺卡呢？

霍利

几年前，我曾受灵性人本主义教会的委派担任过牧师。因此，我觉得自己有资格告诉你，只向你的好朋友寄送贺卡的做法再适合不过了。作为一名社会科学家，我认为任何一位被你排除在寄送贺卡名单之外的人都不会因此感到不快。他们中的许多人可能根本不会察觉自己没有收到你的贺卡。这样做还可以减轻他们要在来年给你寄送贺卡的压力，因此，在这一过程中，你也帮助他们解决了同样的问题。假如你真的希望摆脱寄送圣诞贺卡的烦恼，其实你可以改信犹太教。

说“不”的艺术与快乐

“等到他们完成任务清单上的所有事情之后，他们就会永远幸福地生活下去。”

亲爱的丹：

你好！

最近，我升职了。现在，我被邀请参加各种活动，而这些活动与我热爱的工作几乎无关。我也明白帮助同事和整个团队解决困难是很重要的，但是这些额外的活动占用了我太多的时间，导致我不可能做好我的本职工作。我如何才能更好地统筹安排这些事情呢？

弗朗西斯卡

的确，这是成功带来的风险。升职听起来通常是一件美好的事情，但一旦成功升职，我们却常常会意识到随之而来的是额外的要求和麻烦（奇怪的是，在一次次的升职过程中我们仿佛无法记住这个教训，因此，每当我们发现这些额外代价时都会感到惊讶）。

让我们回到你的问题。我猜想你升职以后的新生活应当是这样子的：每天都有一些同事来寻求你的帮助。最关键的是，这些要求通常不是即时的而是指向将来的某一时间——比如，距离现在一个月的时间。你查看了一下自己的日程表，发现时间比较充裕，于是你对自己说：“既然从现在起的一个月里，我都比较空闲，我怎么能拒绝这些要求呢？”可是，这样做是不对的。你在这一个月里并非真的很闲，一些细枝末节的琐事还没有占据你的日程。真到了那一天，你需要做的事情应接不暇，即使没有那些额外的要求，你也会感到不堪重负。到那时，你就会希望自己当时没有答应对方的要求。

这是一个非常普遍的问题。我想就此提出三个简单的办法，帮助你更好地完成你要优先安排的事情。

第一，每当有人对你提出要求时，自问一下如果这一要求安排在下一周，你会怎么做。这样一来，你就可以查看一下自己的日程安排，弄清楚你是否需要取消其他活动来为这一新的要求腾出时间。假如你可以取消一些活动，你就可以接受这一要求；但如果你无法将这一要求置于其他活动之前，你最好表示拒绝。

第二，在你接到别人的邀请时，不妨先查看一下你的日程安排，看看是否可以答应对方的要求。结果发现，当天你的安排很满，无法进行调整——可能你正好出差在外。此刻，一定要判断一下自己对这件事的情绪反应：假如你觉得犹豫不决，你就应当毫不犹豫地接受这一要求；相反，假如因为做不到而使你觉得如释重负，你就应该拒绝这一要求。

第三，练习使用语言中最优美的词语之一——“取消快乐”，即因为取消某件事情而让我们感到欢欣愉悦。在使用这一方法时，你可以设想一下：你接受了某一个要求，但后来这一要求却被取消了。假如你能从中感受到愉悦，你就体验到了“取消快乐”，也知道该如何去做了。

职场，决策，长远考量

对奈飞公司的不满

“如果你的篮子里有 10 个鸡蛋，其中有两个鸡蛋从篮子里掉出来摔碎了，你会有多难过呢？”

亲爱的丹：

你好！

长期以来，我一直在使用奈飞公司的服务。最近，奈飞公司从其影片库中移除了大约 1 800 部影片，同时增加了一些超级精彩的影片。我知道，我可能根本不会观看那 1 800 部影片，但我还是对奈飞公司的这一做法感到不满，正在仔细考虑是否弃用奈飞的服务。为什么我会有这样的感受呢？

克里斯汀

同样身为一名影迷，我理解你。对于移除这些影片的情绪反应背后有一条基本的心理学原理，那就是“损失厌恶”（loss aversion）。损失厌恶是社会科学中最根本和最容易理解的原理之一，其基本结论是，与获取同等价值的事物相比，失去某些事物具有更强烈的情绪影响力。让我们回到奈飞公司这件事情上：它移除影片的行为被你看作一种损失，让你感到痛苦。损失厌恶的影响力十分巨大，与增加的那些客观来讲超级精彩的影片给你带来的快乐相比，损失的那些不够精彩的影片更让你感到苦恼。

损失厌恶心理所带来的另外一个影响是，作为奈飞公司的老用户，比如你自己，会用一种有些消极和厌恶的眼光来看待奈飞公司新增加的影片。然而，公司新用户在奈飞影片库中看到的只是新影片，而没有见过任何其他影片被移除，他们会用一种更积极的眼光来看待影片的更新。

考虑到这些，我建议你可以试着把奈飞公司更多地看作一家博物馆，一家为你提供质量上乘、精挑细选的各种娱乐活动的服务性机构，而不仅仅是提供某些影片。对于博物馆，我们不会认为自己占有任何艺术品，当展品发生变化时我们也不会感到不快。我猜想，假如你能设法调整你的视角，那么你一定会更加享受奈飞公司带给你的乐趣。

娱乐，损失厌恶，价值

节食和自我控制

“我不是在吃东西，而是在自我治疗。”

亲爱的丹：

你好！

这是一个极其普遍的问题，因为每个人好像在某段时期都会节食。问题是，我们为什么会让吃东西这一眼前的快乐战胜我们的长远考虑呢？我们为什么会反复地危害自己的健康呢？我们如何做才能控制吃的欲望和暴饮暴食的欲望呢？

达夫娜

正如你所说的，节食有悖于我们的天性。通常，我们对自己的未来都有美好的设想——我们要做什么或者不做什么，我们要做的决定或者不会做的决定。但一旦涉及我们的日常决定时，短期的考虑就常常会占据上风，而我们的长期愿景则会退居次要地位（有时甚至会被抛到九霄云外）。当你没有饥饿感时，如果有人问你在接下来的一个月里打算吃多少甜品，你可能会认为自己会吃一份，最多两份甜品。然而，当我们来到饭店，服务员将甜品菜单（或者更糟的是，甜品托盘）放到我们眼前，而我们又看到了自己爱吃的甜品时，我们就会产生不同的想法，认为马上大快朵颐才是最重要的。当我们看到三层巧克力蛋糕时，我们考虑事情的先后顺序就会发生变化。在行为经济学中，我们称此为“现时偏好”（present-focus bias）。

不仅如此，节食的确是一件很难坚持下去的事情，它远比戒烟困难得多。为什么呢？因为就吸烟这件事来说，我们可以选择吸烟或者不吸烟；而就节食这件事来说，我们无法轻易地做出吃饭或者不吃饭的选择。我们必须吃饭，于是问题就演变成我们吃什么，以及我们什么时间应该停止进食？由于没有明确的规则，因此执行任何节食计划都变得十分困难。

那么，我们如何解决这一问题呢？最简单的办法就是要意识到这项挑战的难度，从一开始就努力避免接触不利于我们节食的各种食物。假如家里没有蛋糕，我们就可能会少吃蛋糕；假如用新鲜的甜椒取代蛋糕，我们也可能会少吃蛋糕。我们可以打定主意不吃甜品，或者只在安息日吃甜品。另外一个有效而且相对简单的规则是，不允许任何软饮料和盒装零食进入自己的家，这种节食方法十分有效。通过采用这些办法，我们可以随时更好地意识到自己是否在坚持执行长远计划，也可以强化自己期望的行为。

节食，自我控制，规则

被遗忘的债务和被免除的债务

亲爱的丹：

你好！

多年以前，我的一个朋友请求我借给她一大笔钱。当时我慷慨解囊，但好多年过去了，她至今只字不提这件事。这给我们之间的关系蒙上了一层阴影，我应该怎样做呢？我是否应该说些什么呢？

玛利尔

由于你当年借钱帮助过她，所以你可能认为她有义务提起这件事。从道德的角度来看的确是这样的，但问题是，你只要把钱借给了她，就打破了你们两人关系的平衡，这使她很难再提起这件事。

毫无疑问，必须有人提起这件事，考虑到这种不平衡的关系，我认为提起这件事的人应当是你。

既然应当由你来提起这件事，那么接下来的问题就是如何提。假如你想拿回这笔钱，我建议你这样说："几年前，我很高兴能借给你那笔钱，但我打算在随后的几周之内清理我的银行账户，因此我想知道你何时能够偿还那笔钱。"假如你不想拿回这笔钱，愿意将其送给你的朋友，我建议你这样说："几年前，你向我借了一笔钱，我当时其实是想把那些钱当作礼物送给你的。"

无论采用哪种方法，重提这件事总会有些令人不快，但从长期来看，它却可以维持你们之间的友谊。

金钱，朋友，赠送

婚姻和经济模型

“我们不能结婚，这不公平，除非同性恋者的婚姻得到法律认可。我就是这样认为的，也会坚持这一观点。”

亲爱的丹：

你好！

一位身为经济学家的朋友对我说过，婚姻就是用你所有身家的 1/2 作为赌注，承诺你将会永远爱你的另一半。你同意这个观点吗？

谢恩

经济学家有许多有趣的方法来研究人类行为，其中有一些方法会造成误导。然而，即使这些模型不正确，它们也常常十分有趣，有时候还很有效。将婚姻比作一场赌博的经济学观点，就是一个极好的例子，既是一种误导但也有一些用处。把深奥的婚姻关系比喻成赌博，致使人们把人类关系中的很大一部分置于赌桌之上，误入歧途（误导的那一方面）；但同时，它也强调了可能遭受的损失，而人们在决定嫁娶的时候常常会忽略这一点（有用的那一方面）。总之，我怀疑关于婚姻的这一独特的经济学视角，其误导的成分大于有用的成分。然而，对于其中三点我深信不疑。

首先，尽管把婚姻比喻成赌博的观点可能会起到有效的警示作用，但已婚人士却不会用这种方式来思考夫妻双方的共同生活、子女、彼此的承诺以及未来的规划。其次，尽管把他人的婚姻看作一场赌博可能比较有趣，但我相信我们不应当用这种视角来看待我们自己的婚姻。再次，我认为我们也不应当向我们重要的另一半提及这种观点。

婚姻关系，期望，预测

社交网络和社会规范

“说我懒？我一直在忙着构建我的社交关系网络。”

亲爱的丹：

你好！

脸书上的“喜欢”按钮有什么作用呢？为什么脸书上没有其他按钮，比如“不喜欢”或者“厌恶”呢？

亨利

脸书上的“喜欢”按钮不仅是我们对待他人的一种反馈方式，还是一种社交协调机制，告诉我们应该如何做出反馈。它巧妙地告诉我们，在脸书上什么类型的帖子是可以被接受的（什么是不可被接受的），并且委婉地告诉我们什么可以做，什么不可以做。如果加上“不喜欢”或者“厌恶”按钮，就会在我们阅读不同帖子的时候改变我们的心态，诱导我们做出负面的反馈。这样的话，很快就会破坏该社交网络的积极氛围。无论结果如何，我更倾向于添加一个“爱”的按钮。

················

亲爱的丹：

你好！

我几年前大学毕业后，我的社交生活一直局限于脸书上。这种社交方式远不能让我满意，我该怎么办呢？

詹姆斯

尽管脸书在许多方面都做得非常不错，但我同意你的观点：它无法代替面对面的人际交往。

大学期间，你的社交生活可能丰富多彩，但同时你可能也申请了一些助学贷款。毕业后，社交生活结束了，剩下的就只有助学贷款了。可能是时候改变一下游戏规则了：等你下一次意识到没有人真正关心你的时候，试着不去偿还助学贷款，相信很快就会有许多人来“关注”你。

社交媒体，情感，社会规范

昂贵的猫屎咖啡

“是的，我们曾用兔子做过实验，兔子们十分喜欢它。”

亲爱的丹：

你好！

近期我去了一趟洛杉矶，顺便到一家咖啡店坐了一会儿。这家咖啡店提供一种名叫“努瓦克”的极其昂贵的咖啡，也被称作“猫屎咖啡”。在我问及其过高价格的原因时，咖啡调配师告诉我制作这种咖啡所需要的特殊工艺：印度尼西亚有一种像猫的动物，叫作麝香猫。这种动物吃了新鲜的咖啡豆之后会排泄出粪便，其主要成分是豆粒。人们把这些经过“加工”的豆粒收集起来，对它们进行非同寻常的调制和发酵，据说这一工艺要比新鲜的咖啡豆在猫体内的加工过程顺畅得多。这种咖啡可以卖到每磅数百美元，我对它感到很好奇，却没有兴趣（或者没有勇气）购买，更别说喝这种咖啡了。你能解释一下人们为什么愿意购买这种咖啡吗？

沙利阿

首先，我认为你犯了一个错误。你应当掏钱买一杯猫屎咖啡品尝一下，原因之一是你对这种独特的、非同寻常的咖啡感到好奇，原因之二是这种经历可以成为一个更深刻和有趣的故事。（与一个美妙的故事相比，几美元算得了什么呢？）因此，下次你再经过一家卖猫屎咖啡的咖啡店时，进去买一杯品尝一下，甚至可以买两杯。

至于猫屎咖啡的质量，事实是这样的：我所看到的宣传资料说麝香猫知道如何选择最好的咖啡豆，它们的消化系统会使这些豆子发酵，减少其酸性，有利于制作口感更好的咖啡（我不清楚这到底是如何做到的，但这个故事非常有趣）。

问题的关键在于，人们为什么愿意花这么多钱来购买猫屎咖啡？其中一个原因是人们购买的是新鲜感和故事，另外一个原因是其所涉及的劳动量（以及劳动类型），这种独特的制作过程很显然比一杯普通咖啡的制作过程要复杂得多。通常，我们发现人们愿意花更多的钱来购买需要付出更多努力的产品（即使这种产品的品质并没有多好），猫屎咖啡就是这种以劳动量为基础进行定价的最好例子。

最后，我不清楚的一点是，假如这些咖啡豆不是经过麝香猫的身体加工，而是经过美国人的身体加工，人们是否还会愿意购买它。我猜结果可能是，尽管故事很精彩，涉及的劳动量可能也很大，但这种特殊的发酵方式对我们来说实在无法接受。

饮食，价值，体验

结婚戒指带来的烦恼

“如果你要走那条路，就要为去程和返程的交通做好准备。”

亲爱的丹：

你好！

我的未婚妻十分想要一枚镶有两克拉钻石的戒指，而我却想买一枚钻石小一点儿的戒指给她，然后把余下的钱用于将来的花费——房子、婚礼等。她的理由是，她的多数朋友都有大钻戒，她一直盼望自己也能有这样的戒指。你是怎么看待这种非理性的行为呢？有什么建议吗？

杰伊

首先，非理性和不合理之间是存在区别的。

我们可以用这个视角来看待渴望拥有大钻戒这件事。女人之所以喜欢这些东西，就是因为男人讨厌给她们买。假如你为你的伴侣买了一些东西，你也确实乐于为其购物，那就再好不过了。但是，假如你不得不压制自己的反感去购买一些你不想买的东西，那就是更强烈的信号了，它传递了你的爱与关怀。

我们举一个例子：你为你的爱人买了一件礼物，你心甘情愿或者你个人也想买这件商品，比如一台崭新的单反数码相机。尽管这肯定是一份不错的礼物，我敢保证你的另一半也会非常开心，但问题是我们难以区分你这样做有多少是出于你的浪漫情怀，有多少是出于你对这件礼物的喜欢。相反，假如你购买了一些你自己本来不想买的商品，甚至对购物过程和商品都很厌烦，你的行为就清楚地表明你之所以这样做，是出于你对自己伴侣的爱和承诺。这就是为什么购买你所不喜欢的东西是十分重要的，因为你不理解这是一种真正的信号，表达的是你的爱。

因此，你今年在为你的伴侣购买珠宝首饰或鲜花的时候，不妨提醒她，这对你来说是多么痛苦的事情。如果你想为来年的礼物做好准备，你应当从现在开始就对你的伴侣说你有多么讨厌单反相机，以及购买这些没什么用的商品的过程是多么痛苦和浪费时间。

伴侣关系，礼物，信号

遭到排斥的检举者

亲爱的丹：

你好！

我曾检举了一起巨大的公司事故。自检举之日起，我就惊讶地发现由于我讲了真话而遭受冷言冷语，被排斥在社交场合之外。到底是什么原因导致社会想把检举者排除在外？真切地希望得到你的见解和指导。

温迪

在我看来，你的遭遇在检举者中是极其普遍的现象。

在思考你的问题时，我也开始思考为什么我希望我的孩子（一个是 12 岁，一个是 9 岁）能自己解决问题，而不是把他们的上级（父母）牵涉进来。出于某种原因，即使是对我自己的孩子，我也会用一种极其负面的眼光来看待检举行为。当然，有时候我的孩子会认为他们的不满很合理，需要来自上级的干预，但我对于其告状行为的负面反应表明，为了能让他们俩自己沟通解决问题，我情愿接受某些家庭中的违规行为。

检举者的朋友和同事可能会把他们看作社会结构的局外人，因为他们的行为表明，当发生冲突时，他们更愿意寻求外部权威机构的帮助。这种排斥行为可能源于这样的一种想法：等将来出现问题的时候，这些检举者会再次寻求外部权威机构的帮助。假如你是汤姆·索亚那样的孩童，你可以弄破手指，把你的血与朋友们的血混合在一起，以此来表明你与他们的关系，以及对这一群体的忠诚。但是，鉴于你的年龄和所处的社会群体，这种办法是行不通的。你可能需要找到一种恰当的方式来表明你与你的社会群体的密切关系，并使其得到巩固。

职场，家庭，规则

延长美好时光的方法

亲爱的丹：

你好！

我与我最好的朋友们有一个惯例，每年我们都会开展一次为期一个星期的滑雪旅行。在过去10年的大部分时间里，我们都是这样做的。每次，我们都会登上山顶，一同欣赏雪景。我们非常珍惜这样的机会，每次都翘首以待它的到来。然而，每当我们到达滑雪场后，时间都流逝得飞快，一个星期仿佛转瞬即逝。而且，每当我们回忆这段时间的时候，好像时间变得更短了。我知道"良辰美景转瞬即逝"的道理，但有没有办法能让这一个星期的时间看起来更久一些呢？

艾维

从你陈述问题的方式来看，答案很简单：带着你们的妻子一起去。（对不起，我忍不住要这样说。）

但是，更为切题的回答是：我猜想你的假期看起来短暂（无论是那一个星期的经历还是之后的回忆）的原因之一在于，你们彼此太熟悉滑雪的那些日子了，因此这些日子会糅合成一种经历，而不是一个个单独的日子。

下次出行的时候，尽量让这 7 天变得不尽相同。试着用一天时间滑雪，安排一天的休息时间，再花上一天的时间上一堂滑雪课、坐雪橇，甚至更换一下你们的滑雪装备。这样做的好处在于，即使其中的某些活动与你们常规的滑雪活动相比没那么有趣，但它们可以帮助你们拥有不同的假期体验，而不仅仅是一个滑雪活动。这样一来，在你与朋友们享受快乐假期的时候，你们就可以经历许多不同的事情，也会更加珍惜你们的多种收获。

旅行，时间，体验

在嘈杂的环境中约会的好处

“好吧，你就坐在那儿查看短信吧。或许这会给你一些启发，让你学会如何与人沟通。”

亲爱的丹：

你好！

年轻人约会时为什么要去那些嘈杂、拥挤的地方？这些地方的嘈杂环境肯定会妨碍情侣们之间的交流，也会减少他们彼此了解的可能性。如果是这样，他们为什么还要去这样的地方呢？

阿曼达

你是否考虑过这样一种可能性：那些到酒吧、俱乐部以及其他嘈杂的场所约会的人并非真的想要了解对方。他们可能有其他的目的。

认真说来，在嘈杂、拥挤的场所约会看起来的确有些奇怪。但事实上，这样的环境可能在多个方面都对约会有益。首先，嘈杂的环境可以打破令人尴尬的沉默，对羞涩的交往有利。其次，假如约会的情侣时常无话可说，他们可以认为这种沉默不是由于他们欠缺沟通能力，而是因为环境太嘈杂导致无法交谈，或者他们正在欣赏乐曲。

再次，嘈杂的环境可以为两个人提供一个借口，让彼此靠得更近，以便听清对方的话，特别是嘈杂的酒吧甚至可以让他们直接进行私语交流。

最后，音乐和人群在提升人们的性兴奋程度方面十分有效。身处噪声和人群中时，约会的情侣有可能性兴奋的程度更高。最重要的一点是，他们可能会错误地把这种情感状态归因于他们的约会对象。社会科学家称此为"错误的情感归因"，即人们会混淆由环境激发的情感和由坐在他们身边的约会对象激发的情感。因此，从某种程度上说，到那些吵闹而拥挤的场所约会不失为一个良策。你只需设想一下：在两个小时后的分别时刻，与你约会的那个人一直认为他/她所产生的强烈情感体验都是源自你。

我希望上述几点能解答你的疑问，而且可以鼓励你开始尝试在嘈杂的地方约会。

男女关系，性，情感

如何做出理性的决策？

亲爱的丹：

你好！

请问在我们的决策中加入理性思考的最佳途径是什么呢？

乔

我也不知道最佳途径是什么，但我经常使用一个办法，这个办法可能对你也有帮助。在做决策时，我们常常以自我为中心来观察世界，因此我们会囿于自己的视角和特殊的动机，并受制于我们当时的情感。

有一个办法可以帮助我们跳脱这一视角，用一种更冷静、更理性和更客观的眼光来观察事物。这一办法就是改变我们的视角，想象一下，当我们最好的朋友处于同样的境地时，我们会给他们什么样的建议。

比如，在一个实验当中，我们要求一组实验对象设想一下：他们在过去的10年中所接受的治疗都来自同一位医生，而这位医生一味地向他们推荐一种昂贵的治疗方法。之后，我们问他们是否愿意征求一下其他人的意见，几乎每个人的回答都是“不”。我们又要求另外一组实验对象设想一下：假如他们的一个朋友处于同样的境地，他们是否会建议这个朋友征求一下他人的意见呢？大部分人的回答都是："是"。

实验结果表明，当我们与某位医生建立起长期的关系后，就会很难忽略这一关系和我们的义务。但是，在给别人提供建议的时候，我们却可以在一定程度上摆脱我们的情感约束，从大局出发考虑问题，选择更好的行动方案，比如采纳别人的意见。

"咨询方法"可能不是在我们的决策中加入理性思考的最佳途径（当然也不是唯一途径），但我发现这个方法十分有效。设想一下，我们可以给他人提供什么样的建议，尤其是那些我们十分在意的人。

决策，情感，局外人的视角

大蒜的“神奇”作用

亲爱的丹：

你好！

最近，我的女儿成功地说服我每天吃两瓣大蒜，这让我现在感觉精力更充沛了，压力也小了。请问这是大蒜的作用，还是安慰剂的作用呢？

约拉姆

我不清楚大蒜的真正作用，但你是否考虑过这样一种可能性：你之所以比以前感觉更好，是因为你周围的人在远离你呢？

饮食，健康，他人

寻求他人帮助的策略

“能看我一眼吗？”

亲爱的丹：

你好！

前不久，一个乞讨者走到我的面前请求我给他 75 美分。当时我着急赶火车，就把口袋里的零钱都给了他，然后匆匆离开了。直到后来，我才开始思考他为什么请求我给他 75 美分。你认为 75 美分是一个“经过市场测试”的金额吗？与直接讨要 1 美元或更多的钱相比，这种做法是否会得到更多的施舍呢？

布拉德

我不清楚这个乞讨者是经过充分的调查还是凭直觉想出了这种方法。假如他是以调查为基础的，那么他比大部分的世界 500 强企业更值得称颂。毫无疑问，这种方法非常有趣。

这种方法之所以奏效，原因之一可能是通过这种独特的乞讨方式，这个乞讨者可以使自己有别于其竞争对手，让路人对他产生不同的看法，最终很可能会给他一些钱。原因之二可能是，通过说出一个确定的数额，这个乞讨者可以改变你对他以及他的处境的推断。因此，问题的关键就在于我们表达自我的这种精确方式是否可以传递重要的信息。例如，如果有人约我们在上午八点零三分见面，而有人约我们在上午八点左右见面，两者相比，我们就会认为在一个确定的时间会面一定是非常正式的会面。同样，明确讨要 75 美分的做法会让人们认为乞讨者十分需要这笔钱，其背后一定有特殊原因，比如买车票。因此，要求越具体，我们给予他帮助的可能性就越大。

你可能会争辩说，如果他讨要的是 1.25 美元，这一方法也同样奏效。但是，这个金额可能会使一些人打消帮助他的念头。另外，在他讨要 75 美分而人们并没有刚好的零钱时，他们很有可能会给他 1 美元，并且不会等着乞讨者把多余的 25 美分返还他们。但是，假如乞讨的金额是 1.25 美元，那么施舍 2 美元对人们来说可能就太多了。

说了这么多，我还必须指出，我对于这种讨要具体金额的乞讨方式以及四舍五入效应的看法仅仅是推测。正确的做法应当是做一些实验来验证。因此，如果你自告奋勇去当几天乞讨者，我们就可以弄明白当你讨要不同金额，向人们解释为何讨要不同金额，以及让人们很容易拿到余下的零钱时，人们会做何反应。通过采集一些真实的数据，我们应当能够彻底地了解这种乞讨策略。

除了可以更好地了解乞讨策略之外，这种实验可能还有助于我们理解在日常生活中应该如何寻求他人的帮助。它可以帮助我们弄清楚如何让人们驻足倾听，如何影响他们对我们以及我们所提要求的判断，最终给予我们需要的帮助。既然你已经明白了这样做的重要性，那么等你准备好做实验的时候记得通知我。

施舍，注意力，价值

解决家庭矛盾的两个建议

“过一会儿打给你，可以吗？我正帮我父亲制造关于我童年生活的快乐记忆呢！”

亲爱的丹：

你好！

我们的女儿嫁给了一个富有但控制欲极强的人，他们已经结婚5年了。我们并不同情她的婚姻生活，因为她是一个公认的拜金女，而她的丈夫则腰缠万贯。我们一直无法掩饰我们对他们的失望，他们也清楚我们的看法而将我们拒之门外。我们对此不太在乎，但我们希望能经常与外孙待在一起。我们甚至考虑借助法律程序，但是，在我们这个州，外祖父母没有对外孙的探视权。你能给我一些建议吗？

雷吉

我很同情你们的遭遇。尽管我很难针对这一棘手的问题提供建议，但我还是提几点吧。首先，试着给你的女儿和女婿打电话，说你们对自己之前的行为深表歉意。在我看来，你们好像对此并不感到抱歉，但这没关系。你们就跟他们说"对不起"这三个字，并且反复说。在大量的实验中，我们发现说"对不起"十分有效，即使人们说这句话的时候并不是发自内心的。最有趣的是，即使当你们请求原谅的对象知道你们并不是发自肺腑地说"对不起"时，道歉依然有效。

当有人承认自己的错误并请求原谅的时候，人们很难继续生他们的气。你可能觉得难以放下自己的面子，但你可以将自己与女儿、女婿以及外孙的关系看作一场棋类游戏。你真正在意的是王（见到你的外孙），而面子只是游戏中的一个小卒

（好吧，也许是象）。因此，牺牲面子来得到你真正在意的东西，是值得的。

如果这个办法不起作用（要么是因为你无法屈尊道歉，要么是因为你们之间的隔阂根深蒂固），而你又真的想与外孙待在一起，那么，我建议你收拾好全部家当搬到他们隔壁居住。这会迫使你们之间产生某些互动，相互间的怨恨就会逐渐减少，尤其是当你对你的外孙非常好的时候。（什么样的父母会怨恨那些喜欢、关爱他们孩子的人呢？）不仅如此，假如你的外孙明确地跟他的父母表示他希望跟你们更多地待在一起，他的父母又如何能拒绝他呢？

最后，我要指出的是，根据我的个人经验，与岳父、岳母住得近不但非常有帮助、有意义和有用处，而且它所带来的快乐超乎我的想象。

家庭，记忆，原谅

在公共浴室中找出被使用次数最少的隔间

亲爱的丹：

你好！

每当我去公共浴室的时候，我都会琢磨应当使用哪个淋浴隔间。你有什么建议吗？

凯茜

我猜你的问题应该是，公共浴室中哪个淋浴隔间被使用的次数最少。但你的问题的实质是，与你同去公共浴室的人会如何选择淋浴隔间，以及你如何区别于他们做出选择。

假设其他人不会考虑这一问题，只是随便选择一个隔间，这对你来说可不妙，因为这意味着所有隔间的使用概率相同，你也就无法找到被使用次数最少的隔间。

反之，如果去公共浴室的人都仔细挑选他们的淋浴隔间，你就可以揣摩他们的想法，据此制定策略。如果他们认为离浴室门口最近的淋浴隔间是被使用次数最少的（这可能是因为人们觉得最远的淋浴隔间更私密），他们就会对其趋之若鹜，使得这个淋浴隔间的使用率最高。在这种情况下，你的最佳策略就是反其道行之，选择距离门口最远的那个淋浴隔间。但是，如果公共浴室的常客们更明智怎么办？如果他们和你得出相同的结论怎么办（认为其他人大都觉得离门口最近的淋浴隔间的使用率最低，因而蜂拥而至）？如果他们这样想，他们就会选择最远的淋浴隔间。在这种情况下，你最好的策略是什么呢？同样，你需要在这一游戏中棋高一着，也就是说你的最佳策略是选择离门口最近的淋浴隔间。当然，弄清楚多数人的做法并采取相反的策略，必须超越人们的常规思维方式。

现在，我们来分析一下最重要的问题：在思考问题的时候，人们通常会领先几步？根据我个人不乐观的观察所得，人们思考问题时只能领先一步（有时还会更少）。这表明你从一开始就应当假设大部分人都认为离门口最远的淋浴隔间是使用率最高的，因此他们会选择离门口最近的淋浴隔间。这就意味着你需要再领先一步，选择最远的淋浴隔间。

如果没有别的办法，我希望上述分析有助于你理解在竞争环境中做出正确决定的复杂性。或许它还会让你在下一次去公共浴室的时候，考虑一些更有趣的事情。

决策，他人，预测

娱乐新闻为什么广受欢迎？

亲爱的丹：

你好！

我很不理解为什么那些娱乐报纸和杂志会受到欢迎。请问，其吸引人的地方在哪里？

戴夫

我自己也不是十分理解，但我猜想其魅力部分与社会协调机制有关。我们参加社交活动时会寻找每个人都可以聊的话题，这些话题通常都是关于天气、体育或娱乐新闻的。当然，这表明聊天话题自然而然地会向某些大家都能参与的点倾斜，就是为了让每个人都可以加入。

即使聊体育和娱乐方面的话题不需要太多的知识，但多少还是需要了解一点儿常识的。有时候，我们也会参加某些社交活动，参与这些话题的讨论。在了解了这一点之后，我们会关注娱乐和体育新闻，这样就可以更好地投入社交活动，共度欢乐时光。

比如,《银河系漫游指南》的作者道格拉斯·亚当斯关于这一话题如是说:“没有什么东西的传播速度比光快,例外的可能只有坏消息,它的传播有其自身的规律。”

交流,他人,社会规范

结婚的意义

“如果我们要做性伴侣，我希望拥有健康和口腔保险。”

亲爱的丹：

你好！

我和男友同居有一段时间了，人们问我们是否打算结婚。我们相处得很融洽，彼此非常相爱，可我就是不明白结婚的意义。为什么不能一直同居下去呢？除了花钱之外，结婚这一烦琐的仪式还有什么意义吗？

珍妮特

对于这一话题我没有研究过，但请允许我分享一个故事，这可能有助于你思考你的问题。

在我 19 岁左右的时候，因为被火严重烧伤，我住进了一所综合康复中心。在那里，我遇到了各种受伤的病人——截肢的、瘫痪的，以及颅脑损伤的。其中有一位名叫戴维的病人，他曾作为一名爆破专家在军队里工作，在挖一枚地雷时严重受伤。他失去了一只手和一只眼睛，腿部受伤，身上也伤痕累累。他交往了几个月的女朋友雷切尔因此与他分手。当时，康复中心里所有的病人，包括我在内，对雷切尔都很不齿。她怎么能这样薄情寡义？他们的爱情对她来说，难道没有任何意义？但有趣的是，戴维却比我们更能理解雷切尔，对于她的决定，戴维并不像我们那样持否定态度。他是唯一一个维护她的人。

现在回想起来，我无法确定雷切尔的做法到底是对是错，但她的行为可以帮助我们思考你的问题。想一下她的行为，它让你感到不安和难过了吗？如果她与戴维的关系是一种长期的男女关系，那么你会怎样看待她的变心呢？如果他们订婚了，你会怎么看？如果他们是同居关系，你会怎么看？如果他们结婚了，你会怎么看？假如你是雷切尔，在这些不同类型的关系中，你又会怎么做？对你至关重要的伴侣，你希望他怎么做呢？

我猜想你对雷切尔的指责程度基本上取决于她与戴维的关系类型。我还认为，你关于自己是否与一位刚刚经历了严重创伤的伴侣保持关系的思考（以及假如你是受伤者，那么你对于自己的伴侣行为的推测），同样在很大程度上取决于你们的关系类型。从这件事情中，我们可以得出什么结论呢？如果当你把戴维和雷切尔的关系想象成已经结婚时，你的结论会发生变化，这就表明大家常说的“患难与共”对你来说的确意义重大。这还表明，婚姻会改变你对你和你的伴侣关系的看法。

很显然，婚姻并不是男女关系中的某种神奇的黏合剂，但婚姻却可以成为承诺和长远关系的重要催化剂，尤其是在我们遭遇不幸的时候。因此，尽管我不会无条件地倡导婚姻，但婚姻确实可以强化伴侣之间的关系。我认为，考虑结婚还是值得的。

男女关系，长远考虑，幸福

边跑步边思考可行吗?

亲爱的丹：

你好！

我经常听人们说起，在跑步之后他们的头脑变清醒了，可以更专注地思考工作中的重大问题。真的是这样吗？我们需要通过运动来理清思绪吗？

山姆

我认为跑步并不是理清思绪的最佳途径。事实上，我认为边跑步边思考工作是一个为设计产品和体验做准备的诀窍，它会带来苦恼、痛苦和忧虑。现在，我觉得，这或许就是客户服务产生的原因。

职场，体验，痛苦

如何快乐地工作?

“我认为击拳庆祝更卫生。”

亲爱的丹：

你好！

我一天会多次仔细清洁我的手机，却不愿意整理我的汽车或房间。请问这是为什么呢？

萨拉

我认为这与你实现自己最终目标的能力有关。你可能并不认为在任何情况下，你都能让你的房间达到100%的干净。这项任务太过艰巨，因为家里其他成员破坏环境的速度比你清扫的速度还要快。考虑到这些事情，也许70%或者80%的清洁度是可以达到的，但100%是无论如何都达不到的。

相反，就你的手机来说，要达到100%的干净是能够做到的。这种可以实现的目标不但会鼓励你清洁手机，而且会让你乐在其中。

前段时间，我遇到了一件类似的事情。当时，我雇用了一名承包人来翻修我家的一些地方。翻修工作包括多项内容：更换旧窗户、隔断阁楼、安装更好的供热系统、翻新卫生间，以及在地下室安装桑拿房。整个过程还包括一切伴随这些工程而来的问题：违背承诺、令人烦恼的事情、拖延、最终让我们多花钱的项目、对原来计划的更改（这同样让我们多花钱）。所有这些事情都会让社会科学家自然而然地学会期待。

我不曾期待的一件事是桑拿房的建设。一天晚上，承包人邀我同他一起前往地下室。在那儿，他十分骄傲地向我展示他们是如何精准地切割木料来做成墙壁和长凳，以及如何小心地确保螺丝钉被拧进木头里等细节。很显然，他的这种骄傲有别于他在工作中所表现出来的普通状态。这让我开始思考关于完成某件事情所带来的快乐。你要知道，翻修工作的所有其他方面都只是改进而已，而桑拿房的建设却不是。就其本身而言，这间桑拿房可能是建造一个完美的独立单位。是不是这种打造某件完美事物的可能性激发了我们的动力呢？还是当我们仅仅局限于修缮工作时，我们的动力就被削弱了呢？我想这就是实情，这表明或许我们都应当选择规模更小、更独立的项目。

习惯，努力，目标

多重任务处理的艺术

“你是让我处理多重任务吗？”

亲爱的丹：

你好！

我花了大量时间在用网络电话Skype和谷歌环聊（Hangouts）进行不太有趣的电话会议。我通常会在此期间回复邮件，因此我会把视频关掉，这样就没人能看见我了。最重要的是，我想悄悄地打字，这样就没人知道我在做什么。但是，敲击键盘的声音好像会通过电脑产生震动，我怀疑其他参会人员已经发现我在开会时并不专心。你认为是这样吗？

克里斯滕

我怀疑你考虑不够周全。其他人极有可能并没有注意到你在打字，因为从他们键盘上发出的敲击声盖过了你的打字声音。但是，如果你还是担心有人会听到你打字的声音，就改用平板电脑吧。

专注，技术，职场

增加亲子之间交流的方法

“在你们外出露营的时候，你们的父母希望从你们身上看到一些分离焦虑的症状。”

亲爱的丹：

你好！

我的儿子经常外出旅行，因而我们无法像过去那样常常交谈。你能提供一个方法让我可以跟他进行更多交流吗？

约拉姆

我猜想你儿子的生活非常忙碌，他很少跟你通电话，因此无法表现出他对你的爱或关心。既然这样，或许你可以每周选一个固定的时间，你甚至可以把它标注在日历上。这样做可以促使你们经常交流，我保证他一从南美回来就会给你和他的妈妈打电话。

家人，时间，旅行

一个不可思议但有趣的迷信行为

亲爱的丹：

你好！

在几年前的一次晚宴上，我们大家举杯向主人敬酒，祝他健康。但在我们碰杯之前，站在我右边的一个人跟大家说，在碰杯的那一刻习惯的做法是你盯着你要敬酒的那个人的眼睛，如果不这样做，5年内必然会产生性生活问题。我认为周围的人都不会相信目光交流和糟糕的性生活之间的关系，但我们发现这一点十分有趣，因而在当晚剩下的时间里，当大家在敬酒的时候都会紧紧地盯着对方的眼睛。我认为自己并不迷信，但从那次晚宴之后，我发现自己在敬酒的时候也会聚精会神地盯着对方的眼睛。我知道自己的行为不太理性，可是我为什么无法摆脱这种迷信呢？

凯瑟琳

假如我们想设计一种有效的迷信，那么你提到的这个迷信可能就是我们所能得到的近乎完美的一个。对于参与者来说，这种仪式（盯着对方的眼睛）的成本很低，事实上也很令人愉快。相反，忽视这种仪式的代价却非常高（5年糟糕的性生活）。当然，我们不值得为了这样一个不起眼但很有趣的行为冒这么大的风险。而且，同所有能让人接受的迷信行为一样，上述迷信行为的结果发生在未来，难以进行客观评价。所有这些都是能被人接受的传染性迷信的基础。

对于这种迷信行为，我只有一种方法，迅速对那些没有遵守这种仪式的行为进行补救，避免出现糟糕性生活这样的后果。假如有人忘记进行眼神交流，那么他们必须闭上眼睛，请旁边的人帮助他们喝下一口酒。有了这样的补救方法后，我们就拥有了一种完美的仪式。

一个偶然的机会，我把这个迷信告诉了一个朋友。他的反应是："只有 5 年吗？"

饮食，性，社会规范

多多赞美他人

“假如你能穿越时光回到过去的任何时刻，你对我的爱会让你选择留下吗？”

亲爱的丹：

你好！

我结婚了，生活十分幸福。结婚之前我不大喜欢社交生活，但是现在，我在考虑那些甜言蜜语是否真的管用。“如果我告诉你你的身材很完美，你不会为此责怪我吧”，诸如此类。我想象不出有人会愿意听这些无聊的恭维话。这些话太常见了，不过它们还是有用的。你有什么看法？

芭芭拉

在这个问题上，我不是专家，但我猜想这些恭维的话远比人们预期的效果要好。一项非常有趣的研究表明，我们乐于听到恭维话（这并不让人感到惊讶），我们更喜欢那些赞美我们的人（这有些耐人寻味）。即使我们清楚那些恭维话并不真诚，我们也会喜欢那些恭维我们的人（这是最令人惊讶、耐人寻味的发现）。

除了对恭维话的深刻理解之外，其效果也应当让我们更为全面地重新看待溢美之词。它使得恭维者感觉更快乐，使得被恭维者感觉自己与众不同，并且加强了两者之间的亲密关系。因此，为什么不多多地恭维他人呢？记住这一点，在随后的几个星期时间里试着对你的丈夫说一些恭维和赞扬的话，并告诉我这对你、对他，以及对你们之间的关系有何影响。

男女关系，欣赏，预测

要让他人看到你付出的努力

亲爱的丹：

你好！

在职业生涯的早期，我曾为我供职的一家大银行编写了一套庞大的办公软件Excel宏（一套自动命令）。这套宏可以接收数据转储，并将其转化成美观的报表。完成分析与报表大约需要两分钟的时间，其间，沙漏会显示宏正在工作。该报表十分有用，可是所有人都抱怨说这套宏的运行速度太慢了。

有一个办法可以让宏的运行速度加快，那就是在后台运行，让人们看不到它，而只能看到出现在屏幕上的沙漏。我从一开始就采取了这种方法，但是，这纯粹是为了好玩。现在，我让人们在使用宏的时候可以看到其运行情况。这就像在用快进模式观看录像一样：这套宏对数据进行分割，数据库的不同部分呈现不同的颜色变化，还可以生成标题和图表等。但是，问题出现了：现在这套宏的运行时间是原来的三倍。

令人惊讶的是，我的同事们现在却对这套宏的高效与完美赞叹不已。对此，你有什么合理的解释吗？

迈克

我不确定我的解释是否合理，但它却符合逻辑。你所描述的情况体现了两种力量的结合。第一种力量是，当我们一味地漫无目的地等待时，我们会认为这是在浪费时间，这让我们感觉很糟。你的同事漫无目的地等待宏完成工作，远比在这期间做些什么让他们感觉痛苦得多。第二种力量是，当我们觉得有人在为我们工作，尤其是当他们努力工作的时候，我们会感觉较好。我的意思是，我们很难对我们得到的结果做出直接评价，但我们非常愿意对整个工作过程做出评价。有趣的是，让某人努力为我们工作可以使我们感到快乐，而这一点不仅适用于人与人之间，也适用于人与计算机算法之间。

我希望，这个经历可以让你学会在你所有的工作中更为广泛地利用这一点。在对人性有了深刻的认识之后，你可以继续让你的同事更多地认识到技术为他们所做的贡献。

除了对你的职场生活有所借鉴之外，它也可以被运用到你个人的生活当中。只要有可能，你就要不遗余力地告诉周围的人你为他们付出了多大的努力。

职场，努力，感恩

航班延误与人性的弱点

亲爱的丹：

你好！

由于工作原因，我经常旅行，却越来越讨厌搭乘飞机：浪费时间、旅客得不到尊重，以及航空公司关于航班延误所给出的各种蹩脚的借口。为什么我会将自己置于这样一种恶劣的境况之中呢？

戴维

我不确定我们为什么会对这种恶劣的待遇听之任之，而不进行更多反抗。当我与你有同样感受的时候，下面这些做法对我很有帮助。首先，每次飞机延误时，我都会尽量去想飞行带来的奇迹，提醒自己这项技术是多么令人赞叹。其次，我会尽量把旅行中的痛苦经历看作人性的体现。根据我的经验，全世界的安保人员和空乘人员都是粗鲁轻率的。这表明，如果我们在这样的岗位上，我们也会或多或少地有同样的表现。我希望随着越来越多的人外出旅行，并且亲自体验人性的弱点，我们会逐渐达到世界和平的目标。无论如何，这就是我告诉自己的，它会时不时地起作用。

痛苦，旅行，等待

高级轿车与信号

亲爱的丹：

你好！

我从不在乎轿车的品牌，一直如此。但由于我是一名销售主管，人们因此会建议我买一辆高级轿车（宝马、奔驰等），以提升客户和销售团队对我的信任度。这两款车我都买得起，可我更愿意省下这笔钱，买一辆本田。我真的需要买一辆高级轿车吗？

科迪

从根本上说，你的问题与信号有关。雄孔雀大而华丽的尾屏向雌孔雀展示了它的力量与雄性气概（既然我能够带着这样大而笨重的尾屏东奔西跑，那你可以想象我有多么强壮）。同样，人类也很在乎自己向周围的人传递的信号——表明我们是什么样的人，这种信号包括购买大房子、穿名牌服装以及购买某种品牌的轿车。因此，对于你的问题，我的答案是肯定的。我们所驾驶的汽车品牌，向我们周围的人传递着某种信息。这有关系吗？答案也是肯定的。因为我们不断地读取这些信号，并对信号发出者做出评判。

但是，还有一些问题没有解决。你希望发出什么样的信号，宝马轿车的信号还是丰田普锐斯的信号？抑或你购买的是美国制造的汽车这类信号？或许你希望买一辆古董车，向人们展示你的确十分珍惜它（这一信号比较微妙，却很有意思）。另外一个问题是这种信号的成本，对你而言，就是买车的费用是否体现了其价值。这取决于你与之交往的人的本质，取决于他们对你的了解，取决于你给人留下第一印象的机会有多少，等等。

为了阐述得更充分，我必须坦承，我驾驶的是一辆小型货车。但是，现在我正在考虑，或许我应当在货车上面粘上一个保时捷的标志。

轿车，消费，信号

着装与时尚

“顾客们不会采纳我的建议，除非他们认为我是同性恋者。”

亲爱的丹：

你好！

最近，我听了一次你做的演讲。当时我一直在想，为什么一个讲着犹太人笑话的以色列人会穿着一件印度人常穿款式的衬衫呢？

珍妮特

一般说来，人们不应当向我这种人征求关于时尚方面的建议，但你的问题可能是一个例外。我特别喜欢舒适的穿着，但是，许多专业会议都对参会者有着装方面的要求，比如穿西装。我不清楚是谁发明了这种不舒适的着装方式，但我几乎可以肯定的是，西装的发明和第一次穿上西装同样需要足够的勇气。无论西装是如何被发明的，我们已经被要求穿西装了。

怎么办呢？我认为只要我穿着来自某种不同文化的服装，那些着装得体的人（这几乎包括了每一个在美国生活的人）中就不会有人抱怨我的穿着过于随意。毕竟，任何此类的批评都可能冒犯整个印度。

既然我考虑过这个问题，或许我应当开始为人们提供时尚方面的小建议了。

时尚，得体，快乐

尝试新鲜事物，探索未知世界

“哪条小路的手机信号最强？”

亲爱的丹：

你好！

随着夏天日益临近，我们开始为家庭度假活动做计划。在过去的几年里，我们在佛罗里达度过了两个星期的假期。我们是应当延续这一熟悉的度假计划，还是应当尝试一些不同的度假计划呢？

迈克尔

一般来说，选择某些熟悉的东西会让我们的内心有安全感。确定的事物对我们有吸引力，这就是原因。比如，我们旅行的时候经常会选择同一家连锁饭店，甚至会点类似的饭菜、相同口味的冰激凌。当然，与确定的事物相比，我们也许更喜欢那些新鲜事物，但也有可能会不喜欢。考虑到损失厌恶的心理学原理（即相同的东西，人们失去它所带来的痛苦要大于它所带来的快乐），对痛苦经历的恐惧充斥着我们的内心，因此我们决定不去冒险尝试任何新事物。

这是错误的，主要有三个原因。第一，如果你的考虑比较长远，比如今后 20 年的度假和外出就餐计划，那么在囿于有限的选择之前，探索未来的其他因素、寻找我们喜欢的事物和最适合我们的体验，一定是值得的。第二，丰富多彩的变化的确是生活中最重要的调味品之一。第三，假期不仅是你摆脱工作的时间，也是你用来期待旅行、想象旅行的时间，还是旅行结束之后你回味假期里那些特殊时刻的时间。在这三种原因

（期待、旅行本身以及回忆）中，最短的时间就是花费在旅行本身上的。

考虑到所有这些因素，我的回答非常简短：选择尝试新鲜事物。

旅行，体验，快乐

谁是适合我的结婚对象？

“我想和你结婚，开始家庭生活。天晓得我希望与谁断绝来往。”

亲爱的丹：

你好！

我如何才能知道与我现在的女友结婚是否正确呢？

尼克

一般来说，我建议在可行的情况下进行试婚。这样一来，你就可以在做出最终决定之前获得质量数据。对这种实验的一个关键性要求是，要尽可能在与你希望进行研究的相似环境中进行。比如：如果你想研究人们如何进行网上决策，让他们在电脑上做出决定就非常有用；如果你想研究人们在超市中如何做决定，就有必要将其置于充满多种选择的喧闹环境中。你所提出的问题意味着什么呢？你正在试图弄清楚与一个人在未来的几十年里朝夕相处会是怎样的感觉。我给你的建议是：试着与你女友的妈妈一起生活两个星期。

男女关系，实验，幸福

离婚率的高低

“我希望在和你离婚这件事上，你能支持我。”

亲爱的丹：

你好！

请问离婚率为什么如此之高？

雅各布

难以想象，在一年之后，我们还会对我们之前所做的决定感到高兴，更别提我们在 5 年、10 年、20 年，甚至 50 年之后再回顾我们当初的决定了。坦率地说，让我惊讶的是离婚率竟然如此之低。

....

亲爱的丹：

你好！

我与一个女孩交往快 6 年了，在最初的日子里，我们爱得死去活来，但现在，激情早已消退了，虽然我与她在一起依然感到很舒服。我不知道是该离开她，还是该继续和她交往下去？

JD

很难判断你应当怎么做，因为我对你的年龄、恋爱史，以及“舒服”对你来说意味着什么，一无所知。

我猜想你正经历着男女关系中那种常见的变化——最初的激情和魅力消磨殆尽，取而代之的是一些其他情感（就是你所说的“舒服”)。问题是，这种“舒服”对你来说是否具有足够的建设性。

在谈及“舒服”的时候，有必要考虑一下经济学家提勃尔·西托夫斯基的观点。他在其著作《无快乐的经济》中提出，有两种具有建设性的体验——快乐和舒服，而我们常常倾向于选择舒服、安全和可预测的体验。西托夫斯基指出，这一点让人感到特别遗憾，因为真正的进步和真正的快乐来自冒险，来自尝试不同的生活方式，来自各种生活体验。

因此，或许这是一个不错的机会，可以让你放弃你的舒服，去体验快乐。

男女关系，长远考虑，幸福

理财顾问的佣金

“你无法仅靠看广告就掌握实现财务自由的方法。”

亲爱的丹：

你好！

请问给理财顾问支付佣金是否明智呢？我的理财顾问每年向我收取的佣金，是我委托他管理的资产的 1%。这是否值得呢？

艾伦

这很难确定，但是，许多理财顾问都有许多不同的隐性收费方式，这使我联想到假如采用明确的佣金收取方式，他们可能不认为人们会为他们的服务支付同样多的费用。

在考虑这一问题时，采取更为具体的表述方式，以及对比下面这两种情况，可能会对你有所帮助。在第一种情况中，你支付给理财顾问的佣金是你委托管理资产的 1%，这笔钱每月直接从你的投资账户中扣除。在第二种情况中，你支付同样多的佣金，但你每个月月底得从自己的活期存款账户中取钱支付理财顾问的佣金。

第二种情况表明了你聘请理财顾问的成本，更为直接，但也有些麻烦，不过更清楚地反映了这种成本是否物有所值。因此，想象一下你处于第二种情况中，问一下自己是否愿意为理财顾问的服务支付佣金。如果答案是肯定的，就继续保持你和你的理财顾问之间的关系。如果答案是否定的，就采取下一步行动计划。

关于正义和与松鼠分享食物

亲爱的丹：

你好！

每当谈及松鼠的时候，我都发现自己表现得不够理性。这些捣蛋鬼沿着树枝爬下来，爬到我的喂鸟器上。在那里，它们倒挂着身子，像小猪一样吃东西。我一看到它们这样做，就会高声喊叫着冲出去。每当我看到它们受惊吓的模样，就会感到很开心。然而，胜利从来持续不了多久，它们很快就会回来，整个疯狂的过程也会再次上演。我的姐姐跟我说，我需要再看一遍《白雪公主》，想象松鼠也是大自然的一分子。与我喜欢的鸟儿相比，松鼠在本性上并不逊色多少。或许我的姐姐是对的，但我始终无法接受这一观点。你能帮忙解释一下我的行为是怎么一回事吗？我如何才能与院子里这些毛茸茸的“抢食者”和平共处呢？

尼尔利 · 埃尔默 · 福德

在我看来，你所提出问题的根源在于，你认为松鼠的行为是不道德的。毕竟在你的心目中，那些放在喂鸟器中的食物是为鸟儿准备的，而这些松鼠则是从食物的合法拥有者那里窃取食物的家伙。如果这是问题的实质，那么答案非常简单：你只需把喂鸟器改称为“松鼠与鸟喂养器”即可。有了这样一个新名称，松鼠们就可以合法地吃食物了，你的问题也解决了，你甚至可以把这个新产品推向市场。

附：在我提出这一建议之后，收到了许多热情的回复，包括：建议提供不同的喂食装置，讨论松鼠的群体不道德行为，把与松鼠的斗争比作堂吉诃德的战斗，等等。其中甚至还有一份详细的分析，分析了这种生物的存在会导致美国经济遭受损失。显然，当谈及松鼠的时候，我们需要学习和研究的东西还有很多。

饮食，道德，给予

人际交往和互联网

“别看！我们就是从他们那里盗用的无线保真（Wi-Fi）。”

亲爱的丹：

你好！

网络沟通手段，脸书、推特以及电子邮件，似乎导致人与人之间的交流降至最低水平。请问这究竟是怎么一回事呢？

詹姆斯

人们很容易谴责互联网，但我认为，我们这样看问题主要是因为我们通常为一些琐事所困扰。拿你自己的日常交往举例，有多少是妙语连珠般的回答，又有多少词汇可以形容那些宠物猫的照片？互联网可以让人们发现自己平常的人际交往有多么乏善可陈。

技术，社交媒体，合作

恋爱约会与职场招聘

“为将来考虑，你还是别浪费自己单方面心痛的感觉了，
把它留给第三次或第四次约会吧。”

亲爱的丹：

你好！

与从单位内部选拔人才相比，我们是不是或多或少地倾向于招聘外部人员呢？

约翰

不久前，我和让娜·弗罗斯特、迈克·诺顿一起进行了一系列的研究。研究结果表明，就约会而言，双方了解得越多，越不容易产生爱慕之情。其基本结论是，当我们对约会对象知之不多的时候，我们就会过分乐观地用自己的想象力来填补空白（如果他喜欢音乐，那他一定喜欢我所喜欢的音乐，而不是17世纪的巴洛克音乐）。之后，我们相约喝咖啡，结果我们满腔的希望都破灭了。奇怪的是，我们发现这种失望的情绪会反复出现。然而，热衷网恋的那些人却好像并没有从中得到教训，并没有对其过分乐观的想象力进行控制。

来自爱情方面的大量教训也适用于我们生活的其他方面，求职者就是其中之一。有证据表明，通过外部招聘而来的公司总裁的收入比从内部提拔的公司总裁的收入高，但前者的表现却不如后者。我猜想这同样归咎于缺乏了解而期望过高——当我们对某人不是很了解的时候，我们常常会过分乐观地展开想象，夸大他们的能力，从而更有可能雇用他们，并向其支付高薪。但在招聘总裁方面，这样做的代价比浪费一个小时的时间喝一杯咖啡要大得多。

职场，人际关系，预测

非理性的行为与理性的决策

亲爱的丹：

你好！

考虑到你关于决策的所有研究以及我们所犯下的所有错误，你是否发现自己更擅长做决定了呢？

奥德

希望如此，有可能是这样的。我猜想，对于我们做决策时犯下的所有错误的研究，可以帮助我从总体上思考人类决策这件事。但是，我不相信它会对我本能的直觉产生任何积极的影响。也就是说，当我凭直觉和本能来做决定的时候，我跟其他所有人一样容易犯错误。

我比一般人做得更好的地方，可能是我会仔细考虑我的决定。在这种（不常见）情况下，思考变得更加审慎。在这个过程中，我可能就可以避过某些我非常了解的决策陷阱。至少我倾向于认为情况是这样的。

研究决策错误的另一个好处，就是可以认识到习惯的重要性。习惯让我们不经深思熟虑而自动行事，这意味着，如果我们养成良好的习惯，这些习惯将有助于我们采取更为得体的行为。考虑到这一点，我会尽量用习惯和规定去约束一些极具挑战性的行为（暴饮暴食、储蓄不足、开车发短信）。我认为到目前为止，这一办法对我来说非常有效。

我还必须指出，我研究的许多方面都源于对我自己的非理性行为的观察。因此，如果我不犯错误，我就不得不另谋职业了。

决策，长远考虑，习惯

预期的力量

“我无法分清这是好是坏，是锦上添花还是雪上加霜。”

亲爱的丹：

你好！

社会科学中的许多研究表明，当我们希望某次经历具有某种意义的时候，预期的力量能够改变此次经历，并使它符合我们的预期。例如，你自己的研究表明，在读了一篇关于葡萄酒的正面报道之后，葡萄酒喝起来口感更好了；当我们认为啤酒的味道令人作呕——因为里面含有黑醋时，我们的预期就会让我们讨厌啤酒（在盲品的时候，黑醋其实可以提升啤酒的口感）。这些结果大都符合我的个人经历。然而，你没有提及的是那些太过美好的预期也有可能带来负面影响。换句话说，当对某件事情的意义过分夸大之后，其效果还会是一样的吗？

我自己观察到的结果是，当我热情地向朋友们推荐一部电影的时候，他们偶尔的反馈却是："并没有那么好，我原以为它会很棒！"我认为在这种情况下，我的朋友并没有用一种积极的视角去看这部电影，因为我过分夸大了它的好。你认为过分夸大会适得其反吗？

奥米德

我的直觉跟你的一样。我在大力推销或大肆宣传某个事物的时候，我的朋友们都会对它抱持极高的预期。这些极高的预期就成了他们判断这一事物的标准，当其不可避免地达不到这一标准的时候，他们对这一事物的整体满意度就会下降。

我是这样看待这个问题的：较高的预期可以改变我们的体

验，比如改变20%。这意味着只要这种预期处于适当的区间，它就可以“吸引”人们并产生相应的效果。但是，当这种预期过高时（比如，高出60%或者更高），预期与现实之间的差距就会变得过大，难以弥合。这种差距会使结果适得其反，降低人们的满意度。

我的建议是，如果你希望你的朋友得到较好的体验，就夸大一些好了，但不要吹嘘过度。

预期，快乐，满意

消除内心的不安

亲爱的丹：

你好！

当我在夜晚与某位陌生的女士同路，并且一直走在她身后时，即使我们之间有一段距离，我依然能够感觉到她内心的怀疑和不安。在这种情况下，我应当怎么办呢？我应当说点儿什么吗？我要去往某个地方，但我不希望这位女士感到不安。我应当停下来等她走远吗？

史蒂夫

你没有必要停下来而只需拿出手机给你的母亲打一个电话，通话的时候，你的声音稍微大一些。在充满不安全感的世界里，一个在夜晚给妈妈打电话的人是不会被当成坏人的。

他人，情感，交流

让人称心如意的礼物

“即使他们不喜欢这份礼物，他们也会感到很开心，因为我们认为他们会喜欢的。”

亲爱的丹：

你好！

每年同样的问题都会出现：我和丈夫尽力为他的父亲准备礼物，结果却发现这些礼物原封不动地被放在那里，从未使用过。这些礼物都很昂贵，质量也很好，比如修车的专用工具、工具箱、超级好用的小工具等。可是几年之后，这些工具仍然被搁置，上面落满了灰尘。我丈夫的父亲一如既往地拎着一个破袋子四处转悠，里面放着老旧的扳手和锈迹斑斑的螺丝刀。

由于这些新工具是我和丈夫购买的，所以我们对这些工具的去处一直很关注。这是不是因为我们曾为了购买它们而费了很大的心思和努力？还是因为这些工具被搁置在那里是一种浪费呢？又或者是因为这种情况会给我们带来不良影响呢？现在，一个主要的问题是：如果我们把它们拿回来，这是否太过分了呢？他显然不想要它们，而我们却可以使用它们。

韦罗妮卡

不，你们不可以收回这些礼物。（注意，我并没有说“你们的礼物”，因为我不认为你们应当将其视为你们的礼物。）

令人遗憾的是，你和你的丈夫觉得没有得到重视。因为你们费尽心思购买的昂贵的礼物，并没有给亲爱的父亲带来你们希望带给他的快乐。不要收回礼物，相反，你们应该想办法增加这些工具被使用的可能性。比如，你们可以把它们从包装盒中取出来（有时候这并不容易，因为你们需要特殊的工具才能打开包装），然后用新工具来替换父亲那个袋子中的旧工具。这样会使得使用新工具变得更方便，可能性更大。至于那些旧工具，暂时把它们放到阁楼里，最好是放在一些大盒子的后面。

如果你丈夫的父亲表示反对，你们就把原来的旧工具归还给他，并提议进行大扫除，包括把一些没用过的家庭用品捐给当地的慈善机构，他也许愿意为了公益事业而放弃那些新工具。如果这样行不通，就策划一次“盗窃”，把这些工具偷走，但不要偷盗现金和其他贵重物品。这次盗窃可以带来额外的好处，那就是让你丈夫的父亲认识到你们的礼物是多么贵重，从而对你们将来送他的礼物另眼相看。

今年，你们可以给他买一些随着时间流逝能够增值的东西，比如上好的威士忌或者葡萄酒。即使他不享用，至少也可以增值，而且不会令你们感到烦恼。

礼物，家庭，亲子关系

先吃哪一个三明治?

亲爱的丹:

你好!

假设你非常饥饿，打算吃掉两个三明治。其中一个三明治非常美味，另一个则没有那么可口。请问你会先吃哪一个三明治呢?

巴勃罗

我大学时期的一个朋友多年以前就结婚生子了，比我们这个圈子里其他人考虑要孩子的时间也更早。他过去常常给出如下建议（大都是他主动提出来的）:“想一下你喜欢怎样的饮食方式。有些人喜欢一日三餐都吃好的，而另外一些人则喜欢把钱存起来，大部分时间都是粗茶淡饭，偶尔吃一顿大餐。”

“如果你属于第二种类型，那就只管要孩子吧。因为有孩子之后的生活在大部分时间里都不大有意思，虽然偶尔孩子也会带来令人难以置信的喜悦。但是，如果你认为自己属于第一种类型，你就需要重新考虑要孩子的问题。”

现在，我不大确定人们在考虑要孩子的时候是否还会使用这一比喻，但我认为这个比喻对回答你的问题非常有用。

这种思维实验想要探讨的是，你是这样一种人——在任何特定的经历中都要追求快乐最大化，还是另外一种人——避免经历中的最糟糕时刻。

再考虑另外一个因素，之后我们就可以回到你的问题上。这个因素就是敏感性递减问题。对于任何一种食物，第一口（当你很饿的时候）总是效用最大的，第二口的效用会比第一口少一点儿，最后一口则只能给你最少的享受。（正如塞万提斯在《堂吉诃德》中写的那样："饥饿是世上最好的调味品。"）

现在，我们回到你的问题上来。如果你属于追求快乐最大化的那种人，你就应当先吃掉那个美味的三明治，如此一来，饥饿感和三明治的美味就可以使你的快乐达到极致。当然，如果采取这种方法，你就会在吃第二个三明治的时候逐渐失去这种快乐。但如果你属于追求快乐最大化的那种人，那么你一定会认为这是值得的。相反，如果你属于避免最糟糕体验的那种人，你希望得到的只是一种更均衡的体验——放弃最大化的快乐，避免最糟糕的体验，你就应当选择先吃口感一般的三明治。这样一来，此次体验前半部分的快乐感就会由于饥饿感而得到提升，而不是因为三明治的口感。此次体验的后半部分的快乐感将得益于第二个三明治的美味，但由于吃得较晚而有所减弱。

在我看来，我更喜欢关注此次体验中最快乐的那一部分，先吃更美味的三明治，不去理会“把最好的留在最后”这句俗语。这样一来，等我开始吃那个口感一般的三明治的时候，我可能就不那么饿了，吃得也会少一些。

饮食，体验，快乐

抱怨的积极力量

“我原以为我们之间的关系是这样的：‘请’和‘谢谢’都不需要挂在嘴边。”

亲爱的丹：

你好！

前不久，我遇到了一位久未谋面的老朋友。我一直非常迫切地期盼能与她一起吃顿饭，可这次重聚却让我感到非常失望。在两个多小时的时间里，她做的唯一一件事就是抱怨，主要是抱怨她的丈夫，偶尔也会抱怨她的孩子。这次见面让我感觉非常糟糕和沮丧，分别的时候我对她、对我自己，以及对我们过去在一起的日子都觉得很失望。为什么人们会有这么多的抱怨？她真的认为与老朋友重逢时一直抱怨自己的丈夫和孩子，是正确的行为吗？

安德莉亚

人们抱怨的原因有几个方面。向朋友抱怨的真正原因很有趣，也很有用。其中一个主要原因是痛苦常常会使我们感觉彼此的关系更亲近。设想一下，你在与朋友见面的时候，是告诉她昨晚你的丈夫和孩子如何无理取闹，还是详细地跟她讲你的家庭生活有多美好会让你的朋友更喜欢你呢？在哪种情况下，她会与你分享她的生活呢？在哪种情况下，你们会在分别时感觉彼此的关系更亲近呢？我敢打赌一定是前一种情况。

向朋友抱怨的另外一个重要原因是，我们常常需要寻求安慰，希望我们倾诉的对象会告诉我们一切正常，我们所经历的只是生活的一部分。事实上，在这种情况下，我们也希望对方能与我们分享他们自己的伤心故事，相比之下，我们的经历会相形见绌，我们会感觉好一些。

下面，我们谈谈你的朋友，分析一下她为什么要抱怨。如果她想通过诉苦来重新建立起你们俩的联系，那么你应当任由她尽力强化你们之间的社会关系，或者你应当使她相信你们之间的关系始终很牢靠，不需要任何额外的强化。相反，如果你的朋友是在寻求情感支持，那么你应当跟她说："你以为就你的丈夫是一个蠢货吗？听我跟你说说我的丈夫做的那些蠢事吧。"这样，她就会相信她的生活远比她想的正常得多。

不管怎样，抱怨实际上都是非常有用的。下次当有朋友向你诉苦的时候，你不妨先弄清楚其中的原因，然后尽量充分地利用它。

朋友，痛苦，交流

房产拍卖和疯狂的报价

亲爱的丹：

你好！

我的父母打算卖掉他们在苏格兰的房子。按照苏格兰的房产交易规定，卖方先设定一个售价，然后有意向的购买者用密封报价的方式竞标。在收齐所有报价之后，卖方从中挑出一个买家，交易就达成了。对于如何确定最高售价，你有什么建议？

摩西

密封报价拍卖在许多方面都要比现场拍卖简单，其中有两个因素值得关注：出价者认为，对他们来说，该房屋值多少钱；以及出价者认为，这场竞标的激烈程度如何。设定昂贵的售价会对这两个因素造成相反的影响。

如果卖方设定高昂的售价，买方就极有可能在售价所在的价格范围内考虑自己的报价，会给出较高的价格。相反，如果卖方设定一个低廉的售价，就会吸引更多的买方参与到竞拍中来，竞争就会更激烈，最终的成交价也可能更高。（顺便提一下，你是否注意到，在拍卖中，比如易贝网上的拍卖，在拍卖结束后拿走拍品的那个人被称作“获胜者”。这表明在拍卖中，竞争的确是一种极其强大的驱动力。）

现在的问题是，哪一种因素（出价还是竞争）的作用更大。当拍卖方式是密封报价拍卖时，最重要的因素就是人们对该房产的出价水平，这意味着卖方必须设定高昂的售价。然而，倘若你在美国，那么竞争因素可能更重要，因为在美国，拍卖需要进行多轮操作。这意味着设定一个较低的售价，让更多人参与到拍卖活动中来，可能对卖方更有利。

附：上个星期我遇到了一个朋友，他正在旧金山买房子。他告诉我，他出价的那所房子的竞争情况非常激烈，最终的售价比卖方设定的售价高出 30%~40%，这让许多有意向的购房者空手而归。这件事让我得出了最终结论：疯狂报价可能对卖方有利，但由于我们都可能成为买方和卖方，因此这种疯狂的报价是否能让整个房地产市场的境况变得更好，我们尚不清楚。

决定，价值，他人

考试和祖父母的去世

亲爱的丹：

你好！

作为一名执教多年的大学教授，你对即将要参加考试的大学生有什么建议吗？

彼得

我的建议很简单：与他们的家人断绝一切联系，尤其是他们的祖父母。

原因在于，大多数教授发现，大一新生的家人，尤其是他们的祖父母，常常会在考试前夕去世。东康涅狄格州立大学的生物学教授迈克·亚当斯决定秉持只有专业学者才有的严谨态度，深入研究这个问题。他收集了数年的数据，得出的结论是：期中考试前，祖父母去世的概率会高出10倍；期末考试前，祖父母去世的概率会高出19倍；学习表现不好的学生的祖父母去世的风险甚至更高。最糟糕的则是那些考试不及格的学生，他们的祖父母去世的概率是其他学生的50倍。

对于这个研究结论，最直截了当的解释是什么呢？这些学生的成绩与他们的祖父母的生命休戚相关，这些可怜的祖父母因为无法应对这一令人难堪的噩耗而去世。基于这样的推理，从公共利益的角度来说，大学生们，尤其是那些考试不及格的家伙，显然不应当向其任何亲属提及他们的考试时间或者他们的学习成绩。（对这些结果还有一种不大可能的解释，那就是学生们在说谎，但这一点着实让人难以想象。）

当然，社会关系对于我们的健康和幸福非常重要，无论是顺境还是逆境。对于任何年龄段的人来说，加强这些关系都是明智之举。

家人，拖延症，道德

运气是一场数字游戏

亲爱的丹：

你好！

有没有运气一直很好的人呢？我认为有，但那个人不是我。

艾米

有些人的运气确实比较好，但这种好运并不是那种能让你在轮盘赌博中赢得一大笔钱的运气。幸运的人倾向于更多地尝试不同的事物，因此他们也会取得更多的成功。比如，有一位篮球运动员，他只在完全有把握的情况下才会投篮。秉持这一策略，他在一场比赛中投篮三次，命中率极高（三次投篮，100%的命中率）。而另一位篮球运动员，他投篮30次，但命中率只有50%。秉持这一战略，第二位运动员能投中15次，得分远高于第一位运动员。

最重要的是，在一些极其重要的方面，生活与打篮球是不同的。在篮球运动中，每次投篮都有两种可能的结果——要么投进，要么不进。但在生活中，决定常常涉及多种结果。我们可以决定尝试做某件事，观察其发展方向。比如，我们可以开始学习做某件事（约会、品尝新食物、参加新工作的面试等），看它是否契合我们的兴趣，与我们的技能相匹配，由此决定是否深入研究这一主题。这意味着幸运的人不仅会尝试更多新事物，他们还会当机立断，离开那些看起来走不通的小路，改走那些更有希望的大道。

那么，我的建议是什么呢？第一，从某种程度上说，生活就是一场数字游戏，因此我们要更频繁地尝试更多新事物。第二，不断地审视你所有的选择，迅速地终止尝试那些希望渺茫的事情，留下更多的时间来探索那些对你而言更好的选择。

运气，体验，决定

不翼而飞的袜子和怪诞心理学

亲爱的丹：

你好！

请问为什么洗衣店里总是丢袜子呢？

杰米

不久前，我和奥内特·拉茨研究了你说的这个有趣的问题。我们发现有些人在其他场合很理智，认为自己牢牢地掌握了自然力量；但是，在这个全球性的难题面前，这些人也是一头雾水。袜子之谜常常动摇人们对物理定律的信心，甚至使得一些怀疑论者开始相信超自然的力量。

我们还发现有一种心理机制可以帮助我们解开这一谜团——重复计算丢失的袜子。大部分人会有许多双袜子。如果我们看到了其中一只袜子，却没有马上找到与之配对的另一只，我们就会说："我的天啊，袜子丢了一只！"我们记得丢了袜子，却无法准确地记住袜子的款式或颜色。之后，我们发现了那只"丢失"的袜子，却想不起来这只袜子就是之前丢失的那只袜子，于是我们对自己说："我又丢了一只袜子。另一只去哪儿了？真让人难以相信，我竟然丢了这么多只袜子。"

因此，袜子之谜并不是由物理定律暂时失效引发的，而是源自一个更大的谜团——我们的记忆力是如何工作的（或者不工作的）。

然而，即使有了这种科学的解释，我还是觉得洗衣机的后面一定有一个黑洞，刚好适合藏袜子。

注意力，记忆力，错误

慈善捐助可以提升幸福感

“我想寻求一种更轻松的宗教。”

亲爱的丹：

你好！

犹太教徒必须缴纳什一税吗？

奥

答案再简单不过了，每个人都必须缴税。

很显然，捐款的最佳用途就是把你的钱捐给大学教授，让他们能够继续从事那些重要而且有启发性的研究。

严肃地说，捐款是最易遭到误解的人类行为之一。我们常常想，如果我们变富了，那么这笔钱的最佳用途就是把它花在我们自己身上。但大量研究表明，与把钱花在我们自己身上相比，把钱捐出去可以带来更大的快乐。当然，我并不是建议你捐出全部钱财，但类似于什一税这样的捐款可以有效地帮助人们提升生活的幸福感和快乐指数。

捐款除了能带来综合效益之外，一些诸如什一税这样的具体规则也是非常有用的，因为这些规则严格而明确。如果我们的规则模棱两可、扑朔迷离（我要吃得更健康，拥有更多与孩子们相处的时间，少喝酒），我们就很难仔细地思考我们的行为，以及我们是否在坚持自己设定的目标，因此当我们在未来的日子出现错误行为时，我们就会为自己找借口。相反，严格而明确的规则（我要停止吃甜点，每天晚上的亲子阅读时间为 30 分钟，每周只喝两杯红酒）可以使我们不再自欺欺人，使自身的行为符合最佳的长远利益。

什一税还具有另外一种重要作用，它可以改变我们的思维方式，由捐助多少改为为谁捐助。我们缴纳什一税的时候，我们付出的总金额占我们收入的一定比例，这一金额不再由我们负责掌握（尽管我从没想过什一税应当在税前还是税后缴纳）。由于金额是一定的，因此我们只需决定我们想把钱捐给谁即可。这使得这种付出看起来就像在用其他人的钱做慈善。这一点更有意思，也会让我们更愿意去做。

所以，请缴纳什一税吧。

规则，付出，快乐

跑车和中年人

“我拥有这些书很长时间了，它们代表了我曾经期望自己成为的那种人。”

亲爱的丹：

你好！

我是一个中年人，经济条件尚可。我一直在考虑给自己买一辆跑车，比如保时捷911。但同时，我也受到关于人到中年的迟暮思想的影响。我该怎么办呢？

克雷格

特斯拉汽车公司就是为有像你那样的矛盾心理的人设计汽车的。特斯拉汽车是一款运动型跑车，但它也是环保型汽车。购买者可以把自己想象成环保人士，而不是中年人。

自我形象，汽车，年老

提供骗人服务的网站

已婚人士的“单身”酒吧

亲爱的丹：

你好！

最近，我偶然发现了一个网站，该网站向用户提供帮助，制造不在场“证据”（比如，向你的妻子证明你在开会，而实际上你当时正在与情人约会）。还有一些网站向已婚人士提供帮助，帮助他们寻找情人。你是否认为这些网站是在助长欺骗行为？

乔

感谢你提出的问题。这个问题不但有趣，而且促使我浏览了这些网站。对于你的问题，我初步的回答是肯定的。我认为，这些网站确实助长了欺骗行为。

目前，我所能看到的是，许多这类网站在网页设计上都尽可能地与正规服务类网站的页面相类似。在其中一家网站上，我联想到的画面是工作人员满脸笑容，戴着耳机，正在等待填写服务订单。该网站的服务项目包括制作、发送虚假机票以及模仿酒店前台服务生等。在另一家网站上，客户评价很高，也很全面。还有一家网站上有这样一则广告语：“真实的世界，真实的服务。”这可能的确令人十分开心，但当你意识到它们所谓的“真实的服务”是指帮人撒谎欺骗时，就开心不起来了。

我猜想，这种措辞可以帮助人们为自己的行为找借口，使其能够为社会所接受。既然有这么多的正常人都给予了好评，你为什么不这样做呢？

我还想到了一点，所谓“真实的世界”可能会进一步消除人们的异议，让人们意识到这就是发生在真实世界中的真人真事，尽管有些人还假装诚实，但与童话故事中那种绝对诚实的世界是不同的。

我现在有些担心，在浏览了所有这些网站之后，我的电脑上会弹出什么样的广告呢？

夫妻关系，诚实，技术

让人懊恼的早餐时间

亲爱的丹：

你好！

我经常去某一家餐馆吃早餐。有时候，我会先把三明治的包装纸扔到离我座位 5 米远的垃圾桶里，再返回座位，整个过程十分简单方便。但有时候，我会坐在座位上试图把包装纸扔进垃圾桶。我的投掷技术差极了，每次都扔不进去，我不得不走到垃圾桶旁，拾起包装纸，将其放进垃圾桶。这两种情况的往返路线是一样的，但第二种总是让我感到很厌烦。

虽然路线相同，但为什么我的感觉会相差这么大呢？

理查德

你所提出的问题属于反设事实的范畴，即考虑事实原本是什么情况，然后把既成的事实与原本的事实进行比较。反设事实在你生活中的表现是这样的：在你瞄准目标之后又偏离目标的时候，你可以清晰地想象出一个世界，在这个世界中你的投掷百发百中。你把现实与想象进行比较，结果自然会令你感到不快。但如果你没有尝试投掷物品，就不会有想象的世界，从而不会进行比较，你也不会产生不快的感觉。

我的建议是：购买一个三明治，再要一杯咖啡，但要求餐馆三分钟后再给你提供咖啡。带着三明治回到座位上，然后尝试着把包装纸投进垃圾桶。现在，无论你投得有多准，你都需要起身到柜台取你的咖啡。假如你将包装纸投进了垃圾桶，那当然很棒；假如你没有将包装纸投进垃圾桶，那么你可以在去柜台取咖啡的时候顺便捡起包装纸。这样一来，你就不必在投掷包装纸不中之后特意起身，也就不存在反设事实，你也不会因此感到不快。早餐快乐!

懊恼，情绪，饮食

如何消磨晚上的时光?

“如果我们可以待在家里观看卡尔森夫妇的电影录像，该有多好啊！”

亲爱的丹：

你好！

我跟丈夫没有孩子，我们俩在一个小镇上的一所房子里生活了 17 年。每天，丈夫回到家都会问我："你今晚打算做什么？"到目前为止，我们已经品尝了我家方圆 8 公里范围内的每一家餐馆的菜品。我们去的次数很多，几乎可以背下它们的菜单。我们都不喜欢购物或到电影院看电影。我的丈夫喜欢飞行，而我却讨厌飞行。我在家工作，喜欢利用晚上的时间出去转转。我们常常选择待在家里看电视，其实我们根本不喜欢看电视。你能为我们指点迷津，告诉我们该如何摆脱这种死气沉沉的生活吗？

查琳

你们所面临的根本问题，被经济学家们称作协调问题。每天晚上，你与你的丈夫都在寻找一种你们都愿意并且都喜欢从事的活动，这并不容易做到，尤其是当你们偏爱的活动不一致的时候。不仅如此，你们都认为看电视不是最佳选择——你们都不喜欢看电视，但它却是解决你们的协调问题的一个简单办法。在你们无法找到更好的办法时，你们可以很方便地采用这种办法。

解决你们这个难题的办法之一，是将其从一个同步协调问题转换成一个顺序协调问题。对于这种办法，你们需要先达成某一个计划，该计划只能使你们当中的一个人在一个特定的夜晚过得愉快，但最终会使你们两个人都可以从事你们喜欢的活动。下面就是一些你们可以采取的切实可行的步骤，去处理这种顺序协调问题：拿出一些卡片，在上面写上你想从事的活动，让你的丈夫也用同等数量的卡片做同样的事情，然后把这些卡片混合在一起。每天晚上当你们不知道该做什么的时候，就抽出一张卡片来决定当晚的活动。你们事先还必须承诺一旦抽出某张卡片，就必须按照上面写的活动去做。你们很容易就会发现，这些卡片会使你们当中的一个人感到非常开心（即其偏爱的活动被选中的那个人），这也会形成更高的整体满意度。毕竟，在某些夜晚过得愉快要比每个夜晚都过得不愉快好。

我的最后一条建议是：在卡片中加上一些“百搭牌”（唱歌、诗歌朗诵、陶艺、义工以及方块舞等），写上一些你不确定你们是否会喜欢的活动。如果你们采取这个策略，有些夜晚最终会成为令人不快的学习经历，让你们重新认识到你们有多么不喜欢这些活动。但是，也有可能，你们会发现一些你们双方都真正喜欢的活动。

夫妻关系，协调，愉快

应不应该要孩子

“我们曾计划生下你们，可你们并不符合我们的预想。”

亲爱的丹：

你好！

我和妻子都年近40岁了，我们一直在讨论要不要孩子的问题。你有什么建议吗？

亨利

关于要不要孩子的决定非常复杂，这取决于许多因素，包括你们的经济条件、你们的喜好，以及你们夫妻关系的质量和稳定程度。因此，很遗憾，由于不太清楚你们的情况，我无法对你的问题给出直接答复。

同时，考虑到这是你将要做出的一个重大决策，我觉得有必要给你提供一些适用于大多数决策的一般性经验。

与许多其他决策一样，这个决策主要是关于你能从这件事当中得到一些什么，以及你可能需要放弃一些什么。但是，在你有孩子之前，很难估计生孩子的成本与收益，那么，你应当怎么办呢？你需要试着模拟一下有孩子的生活，这有助于你更好地理解有孩子的生活会是什么样。

为了更深刻地了解这个问题，你为什么不搬去和有孩子的朋友一起生活一个星期，近距离地观察一下呢？另外，你为什么不主动提出帮助朋友照顾孩子一个星期呢？然后，试着照顾不同年龄段的孩子，特别是婴儿和青少年。做过10个星期类似的实验之后，你一定会更清楚自己是否适合养育孩子。

如果这种实验对你来说有些望而生畏，那你可能属于下面两种类型的人中的一类:（1）其实你对关于这一问题的经验性答案不感兴趣。或许你已经做好了准备，只是还不准备承认。（2）你很懒惰，不想费事去弄清楚问题的答案。如果你属于后一种类型，那么你可能不应当要孩子。

实验，家庭，幸福

婚姻与银行账户

“你应当尽可能地多睡觉。睡觉是免费的。”

亲爱的丹：

你好！

我与妻子刚结婚不久，我们最近一直在讨论银行账户的问题。她希望把我们俩的账户合并，因为她想知道家庭收入和支出的总金额。然而，我认为独立账户在缴税、个人花费以及预算方面更为简便。你如何看待这件事呢？

乔纳森

你的问题其实是究竟应该按照你的想法还是你妻子的想法来管理家庭财务。这告诉我你要么不太聪明，要么刚结婚不久（请原谅，我的犹太血统不允许我错过这样的机会）。关于你的问题，我想你们应当建立一个共同账户。

首先，毫无疑问，你们的账户事实上是关联在一起的，因为从某种意义上说，你们两个人所做的每件事都与你们家庭的经济状况有着直接的关系。如果你们当中的一位用独立账户中的钱购买高级汽车，用于你们将来度假、医疗等方面的钱就会减少。

结婚除了具有法律上的意义之外，还代表你们签订了一份社会契约，其内容是："我会照顾你，你也会照顾我"。这份契约的互惠性对任何成功的婚姻来说都是极其重要的，而在这种复杂的夫妻关系中加入经济谈判的成分则很容易弄巧成拙。

比如，想象一下，大家在说"我的钱"和"你的钱"的时候会发生什么。你们会在餐馆就餐后各付各的钱吗？假如一个人多喝了一杯酒，怎么办？假如你的妻子花光了“她的钱”，怎么办？你是否会对她说如果她洗一个星期的碗，并负责倒垃圾，你就会给她一些“你的钱”呢？

一旦有金钱牵涉其中，我们讨论的婚姻关系就会更像交易，而不是爱情、浪漫和长期的关爱。独立的银行账户当然会有一些经济方面的好处，但也会对夫妻关系造成不必要的压力。因此，我希望你能明白，为了构建良好的夫妻关系，牺牲某些经济利益是一种值得的做法。

夫妻关系，金钱，社会准则

葡萄酒的战场

“我会给你一些时间，让你慢慢接受这个价格。”

亲爱的丹：

你好！

我喜欢外出用餐，并且喝点儿葡萄酒。但是，我无法区分不同品种的葡萄酒之间的差别，也不知道该点哪种酒或者该付多少钱。每当我向服务生或侍酒师讨教时，他们给出的回答大多华而不实，基本都在夸夸其谈土壤和葡萄的特点。但这些对我毫无帮助，我仍然弄不明白哪种葡萄酒可以与我所点的食物搭配。点酒这件事让我感到无能为力、信心不足。关于如何点酒，你是否有简单可行的建议呢？

乔希

当你从酒水单上点酒的时候，你首先应当意识到你已身处战场之中。这不是常规的战斗，而是涉及你的钱财的战斗——一场发生在餐厅（餐厅总想尽可能多地攫取你的金钱）与你的储蓄账户之间的战斗。更糟糕的是，关于人们的决策方式（包括点酒的决定），餐厅经理们掌握的信息远比你知道的要多。在设计菜单方面，他们掌握着先发优势。

餐厅清楚人们通常会在对比价格时做出一些决策——如果酒水单上有一些非常昂贵的葡萄酒（比如，每瓶酒的价格高于200美元），那么消费者不大可能点这些昂贵的葡萄酒。但是，只要让这些昂贵的葡萄酒出现在酒水单上，就可以使每瓶售价70美元的葡萄酒看起来更划算。

餐厅还知道，许多顾客都很小气，但又不想让别人看出来自己小气。这意味着几乎没有人会点酒水单上最廉价的酒，而会选择菜单上售价第二低的酒。了解了这一点之后，餐厅会把利润较高的酒放在酒水单上这一诱人的位置上。

餐厅的“军火库”里还有另外一件“武器”——服务生和侍酒师，他们的行为会让我们感到更加无能为力和信心不足。于是，在我们犹豫不决的时候，他们可以轻易地说服我们点售价较贵的酒。

现在，你已经知道在餐厅点酒其实就像参加一场战斗。因此，你可以提前思考一下你愿意花在葡萄酒上的金额。或者你可以告诉服务生，你对花费在葡萄酒上的钱有着严格的预算，请他推荐一种符合你预算的葡萄酒。如果你想主动出击，那么你可以告诉服务生，你总共会拿出 50 美元来支付小费和酒钱，你在酒上花的钱越多，余下的用于支付小费的钱就会越少。这时，再看一下他们会向你推荐什么酒。

饮食，花费，决策，价值

交通拥堵和利他主义

“另外一位司机居然得到了其他人的招手致谢，那本该是我应得的报答。”

亲爱的丹：

你好！

当我在拥堵的车流中缓慢驾车前行时，常有人试图开车从旁边车道挤进我的车道。如果我让这辆车进入我所在的车道，我会感觉很好；但当我看到我前面的车辆让其他车辆挤进我所在的车道时，我就会感觉自己受到了愚弄。因为我等待的时间要比挤进来的那辆车长，因而我很厌恶那位牺牲我的利益而对他人友善的司机。对于这两种情况，我为什么会感觉如此不同呢？你有何见解？

沃尔特

你的问题其实是关于控制与荣誉的问题。当你让其他车变道进入你的车道时，你是决定者，你也是得到对方点头或招手致谢的那个人。相反，当别的司机让变道的车辆挤进来时，你对这一决定没有控制权，你也得不到荣誉。你看到的只是这种行为的不利方面：增加了拥堵的时间。

这一分析表明，你的情绪反应并不仅仅是针对那名司机的。为了阐明这一点，我们来思考一下这种情况：向试图挤进你们车道的那辆车提供帮助的不是某一位司机，在这一虚构的场景中，你与前车保持着较远的距离，允许来自其他车道的车辆随意进入你所在的车道。这并不需要你表现得宽容大度，你甚至无须减速让它挤进来。我猜想这种情况也会引起你的不满，而且你也不会从中得到任何荣誉。

结论是什么呢？第一，这不关其他好心司机的事，问题在你。第二，要想对他人的好运气感觉良好，我们需要认识到他们得到的积极结果是我们采取行动去促成的。第三，我们希望他人认识到我们是多么令人赞叹、乐于助人。

另外，鉴于你前面还有好多车辆被堵在车流中，它们极有可能不断地让别的车辆挤入你所在的车道，你应当说服自己接受这样的观点：真正的利他主义在于允许善行发生在陌生人身上，无论是直接的还是间接的，甚至当别人因此获得荣誉的时候。这种观念的调整并非易事，如果你做到了，善行就会接踵而至。

堵车，帮助，感谢

寻找停车位的烦恼

“算了吧，我娶你可不是因为你有总能找到停车位的好运气。”

亲爱的丹：

你好！

我注意到，每当我开车绕着楼群四处寻找停车位的时候，都会花费很长时间，而且停车的位置距离我的目的地还很远。这意味着即使我能幸运地找到一个停车位，我也必须冒着寒冷的天气走很长一段路（我住在芝加哥）。我讨厌寒冷，因此我改变了停车策略：在距离我的目的地比较近的地方等待，直到有人驾车离开，我再将车停到这个刚刚腾出来的停车位上。我很难直接比较这两种方法的优劣，但在我看来，后一种方法更加高效。但是，当我与几个朋友一起外出的时候，他们无法忍受我的这种做法，而我也迫于他们的压力，不得不四处寻找停车位。我的问题是：为什么我的朋友觉得我的停车策略难以忍受？

丹尼

你遇到的这种情况是厌恶无所事事的表现。有一个有趣的故事是关于效率与等待的，这个故事与你的问题有关。前不久，一位服务于某家航空公司的优化工程师注意到一个问题：一些环形行李传送带距离某些到达口很近，而另外一些环形行李传送带则距离到达口很远。他决定优化一下行李传送带的设计，让每趟航班上的行李都可以被运送到距离飞机降落地点最近的行李传送带上。在这一优化方案实施之前，乘客们下飞机后要走很长一段路，他们的行李会在传送带上待很久。实施新的方案之后，传送带距离飞机降落地点很近，人们不需要走多远就可以到达传送带，等待领取他们的行李。然而，人们讨厌这种新方案，因为他们不得不把时间花费在原地不动的等待上（更糟糕的是，有些人可能还会胡思乱想，怀疑自己的行李丢了）。这种无所事事的状态让人十分不快，人们开始投诉，最终航空公司无奈地放弃了这种高效的方案。

我认为，这家航空公司也不应该采取完全对立的态度，把行李放到离旅客的飞机降落地点尽可能远的传送带上去。为了解决这一具体的客户服务问题，这家航空公司应当积极优化这一方案。

……………

亲爱的丹：

你好！

每天晚上开车回家，我都要在我家附近寻找停车位。我是应当待在一个地方等别人把车位空出来呢，还是开车四处寻找空停车位呢？

伊恩

我不确定这个问题是否有客观、正确的答案，但你可以这样考虑它。一方面，你无从得知何时何地会有一个车位空出来，但你明白，与原地等待相比，开车四处找车位会耗费更多汽油。这表明，原地等待是一个不错的方法。另一方面，如果你选择在某地静待车位，那就要考虑到这个区域的车辆可能都是车主准备停放一整夜的。而如果你开车四处寻找车位，至少可以分散这一风险。这表明，开车四处寻找车位是一个不错的方法。

但是，你还应当考虑你等待车位空出来时的心理：与采取行动相比，无所事事地原地等待更让人心烦意乱。我们在无所事事地等待的时候，时间会过得很慢，耐心会渐渐消失。如果人们不得不坐在车里等待，无论节省多少燃料都会让人烦躁不安。因此，在节省燃料和保持好心情之间，最好的解决方法可能就是买一辆省油的汽车，四处去寻找停车位。

停车，时间，等待

抛硬币做决策

亲爱的丹：

你好！

关于如何做出艰难的决定，你有没有一般性的建议呢？长久以来，我一直在考虑应该买什么车，但我总是举棋不定。

约翰

幸运的是，你已经掌握了解决这一问题所需要的方法——抛硬币。把两辆车各指定为硬币的一面，然后将硬币高高地抛向空中，等着硬币落地，用这种随机的方法做出选择。但是，我猜当硬币还在空中的时候，你就已经知道自己想买哪辆车了。

更重要的一点是，如果我们已经花费了大量的时间来做决定，但依然无法弄清楚什么才是我们的最佳选择，这就表明这些选项的价值大同小异。当然，这些选项并不相同，但它们在整体价值方面不分伯仲。要知道，如果能够轻易地区分出哪个选项最好，我们早就可以做出决定了。

一旦我们认识到自己要在整体价值相似的选项间做出选择，我们就需要评估一下时间成本和机会成本。为了不在这一决策上浪费太多时间，我们需要逼迫自己做出决定。这就是利用抛硬币做决策的所有内容。硬币被抛向空中的那一刻，我们必须意识到自己希望硬币的哪一面朝上，必须正视我们的偏好，并做出决策。

决策，运气，情感

垃圾和狗屎

“他手里拎的粪便袋很好地证明了他的为人。”

亲爱的丹：

你好！

在我居住的社区，有一个放置大型垃圾箱的专用区域，为整个社区的居民服务。但是，一些居民不想直接用手接触这些脏兮兮的垃圾箱（我理解这种怕脏的心理），于是他们把垃圾袋放在垃圾箱周围的地上，（我不理解这种自私的行为）而其他人则必须不时地将这些垃圾袋放入垃圾箱内。我们社区的一些居民一直在很有礼貌地请那些乱放垃圾的居民把垃圾放到垃圾箱里，但毫无效果。我们应当怎么办呢？

阿里尔

你们社区所面临的不仅仅是卫生问题，而是更加复杂的问题——与改变社会规范的难度有关。你们所面临的是一种社区“亚文化”，该文化不认为把垃圾袋放在地上是尴尬或可耻的行为。对这些乱放垃圾的人来说，这是一种既有的行为规范，而要改变这种行为模式，则需要持续的关注和不懈的努力。

通常说来，社会规范是一种强大的激励因素，在生活的许多方面，我们都极易受其影响。如果你在垃圾堆放区看到垃圾箱周围全是垃圾，就会影响你对是非的判断。这种影响部分源于你既有的价值观，部分源于周围人的行为。你可能会对自己说：“把垃圾袋放到地上是很普遍的做法，我也可以这样做，根本不必为此感到自责。”但是，如果垃圾桶周围的地上没有垃圾，你可能就会对自己说：“把垃圾放到地上是不对的，我不应该破坏这里的环境。”关于社会规范，我们需要记住的重点是：只要出现轻微的违反社会规范的行为，我们就需要对其进行严厉的批评。原因在于，如果这种违反社会规范的行为一再出现，规范就会发生变化，随之而来的有可能是每个人都会做出违反社会规范的行为。

我们如何才能建立起更好的社会规范呢？我会召集住户们开会，讨论针对社区环境保护的计划。会上，我会尽量促使住户们达成一种新的社会共识，了解什么才是正确的邻里行为（爱护小区环境，把垃圾放到垃圾箱里，诸如此类）。明确了正确的行为之后，我会进一步采取行动，让每个人都签字承诺会遵守这些新规范。最后，如果你解决这些问题的时间与这一年的某个特殊时间点很接近（可能是新年），我就会把这一象征性时刻当成一次变革的机会，把住户会议、宣誓活动与这一新的起点联系起来。一旦你创建了新的社会规范，垃圾问题自然就会迎刃而解，而且其带来的好处将不仅限于此。

················

亲爱的丹：

你好！

我和我的伴侣住在一处风景优美的豪华联排别墅中。我们面临着一个问题：有些住户不清理他们的宠物狗在社区里排出的粪便。如果狗主人不清理狗屎，他们就会面临 50 美元的罚款。但是，你必须知道狗主人是谁，当场抓住他，并向公寓管理部门告发他。所以，这一方法并不奏效。我们应当怎么办呢？

罗谢尔

针对这种情况，我们可以从两个方面考虑：一方面，利用社会规范激发人们的积极心理；另一方面，利用威慑手段激发人们的消极心理。

大量研究表明，社会规范对我们的行为并不具备法律效力，其更大的作用是帮助判断哪些行为在社会上是可以被接受的。这意味着，如果宠物狗的主人发现自己居住的社区里到处都是畜粪，他们就会认为这是完全可以接受的，并且会进一步助长这种错误的行为。相反，如果他们发现地上根本没有畜粪，而他们的宠物狗却在随地大小便，他们就会感到内疚。因此，关于社会规范，我们学到的第一点就是，违反社会规范的人不仅会在社区中乱放垃圾，他们还强化了一种不正确的社会规范（或者为这种行为的传播提供了更多的证据），导致他人纷纷效仿。这还表明，我们需要更加努力地创建一种良好的社会规范。只要确立了一种正确的社会规范，这种行为就会自发地维持下去。

就威慑手段来说，我认为你应当尝试某种更独特的方法，而不仅限于50美元的罚款。我猜想，目前一些狗主人会把这种规定视为一场“游戏”：如果他们不清理自己的宠物狗在社区里排出的粪便，其他邻居和公寓管理处就会试图当场抓住他们进行罚款。我认为这就是实际情况，因此，我想改变一下游戏的本质，把狗主人这个群体团结起来。比如，公寓管理处拿出一定数量的钱作为社区基金，根据需要雇用清洁人员清理社区中的宠物粪便。月底无论剩下多少钱，都要用来为所有的狗主人和他们的狗举行一次聚会。这样做会怎么样呢？如果剩余的钱较多，聚会就会提供食物、饮料以及狗粮；如果剩余的钱很少，聚会就只提供饮用水。这样一来，不清理宠物狗的粪便就会使清洁费用提高，从而对狗主人和他们的群体造成不利影响。通过增加不清理狗屎所造成的个人和社会成本，人们将会更加自觉地遵守这项社会规范，不在社区中随地留下狗屎。

社会规范，他人，协调

戒烟的最佳办法

亲爱的丹：

你好！

请问让人戒烟的最佳办法是什么？

迈伦

吸烟的危害是慢慢积累的，是日积月累的。因此，吸烟者当下感觉不到这些危害。试想一下，如果我们强迫烟草公司在每一百万支香烟中的一支里安装一枚小小的爆炸装置——其威力无须大到能够炸死人的程度，只要能造成一定的伤害即可，那么，会发生什么情况呢？我猜想这种直接危害很可能会让人们戒烟。我们至少可以让人们开始尝试用这种方法来思考吸烟的问题，直到我们找到戒烟的办法。

健康，自我控制，习惯

职业选择所面临的风险

亲爱的丹：

你好！

明年我就大学毕业了，我希望自己毕业后可以在西班牙教英语。尽管西班牙的经济不景气，但对学习英语依然有需求。不过，我还在考虑这份职业是否适合我。到西班牙教书会让我终生难忘，而这是我按部就班地工作、结婚、生子所无法获得的。但是，到西班牙教书也会使我的职业生涯有所推迟，因为我希望在生活安定下来之前，工作就可以步入正轨。你认为这样做是否值得呢？

加布里埃拉

这一问题与你何时开始你的职业生涯无关。目前，你的职业生涯已经开始一段时间了。你真正想问的其实是，你职业生涯的下一阶段的最佳选择是什么。

我大学毕业时曾咨询过我的学业导师齐夫·卡蒙，我应当到哪所大学就业以便开始我的第一份学术工作。他回答说，工作 5 年之后可以使我与众不同的学校就是我应该去就业的地方。然后，齐夫·卡蒙解释说，生活就是学习与提高，我应当利用我相对自由（当时我还没有娶妻生子）的优势把接下来的时间用在自我发展与提高上。我认真考虑了他的建议，找到了一份并不是最适合我既有知识储备的工作。结果，在随后的几年里，我学到了大量的新知识，从根本上改变了我的兴趣，并帮助我成长为一名优秀的研究员和教师。现在，我甚至认为我整个人都比以前好了（但是，这也有可能只是年龄增长的结果）。

从那时起，我就一直倾向于把职业生涯的早期阶段看作一次积累经验与教训的机会，如此一来，我们便可以更好地武装自己，为漫长而无法预测的未来做好准备。当然，我们难以预测什么样的生活经验与教训在将来对我们最有用，但是如果你积累了大量的经验和技巧，其中一些就极有可能会在未来发挥作用。或许你可以把在西班牙的这段经历看作为了未来利益而进行的一次冒险。你现在播下的种子能够持续地开花结果，所以我支持你这样做。

职场，教育，长远考虑

非理性决策的危害

亲爱的丹：

你好！

我相信我们的某些决策是非理性的，但非理性决策所占的比例有多大呢？

朱莉安娜

我认为你想问的问题并不是关于非理性决策的比例是多少，而是关于非理性决策对我们的生活和健康有何影响。回想一下边开车边发短信这件事，我们花在这件事情上的时间可能只占我们全部时间的3%，但每一次做这件事时都有可能引发交通事故，导致自己和他人死亡。因此，我们真正需要问自己的问题并不是关于非理性行为所占的比例，而应当是关于这些非理性行为对我们、我们周围的人以及整个社会的危害程度。当我们这样思考自己的行为时，就会发现我们所有的非理性决策对我们的生活的影响是很大的。

帮助人们攒够退休金

亲爱的丹：

你好！

请问确保美国人拥有足够多的退休金的最佳途径是什么呢？

本

从根本上说，有两个方法可以帮助人们攒下足够多的钱去过好他们的退休生活。第一个方法是让人们存更多的钱，从年轻的时候就开始存钱。第二个方法是让人们的寿命减短。相较之下，更简便的方法无疑是第二个。我们如何才能做到这一点呢？允许人们吸烟，多摄入糖和脂肪含量高的食物，限制人们获得预防性医疗服务的途径等。当我们从这些角度来考虑退休金问题的时候，我们似乎已经黔驴技穷。

长远考虑，健康，决策

主动纠正错误的美德

亲爱的丹：

你好！

我刚刚支付了未来6个月的瑜伽课程的费用，但瑜伽馆在做账时认定我缴纳了1年的费用。之前，瑜伽馆在费用方面出现了许多错误，但全都是对它有利的。我是应当纠正这个错误，还是把它看成老天对我的补偿呢？

某位粉丝

在我看来，这并非一次错误，而是一个简单的证明世上存在因果报应的例子。我唯一的问题就是：这种因果报应怎么过了这么久才发生呢？

诚信，运气，价值

度假期间我们会更诚实吗？

“那么我们不讨论这本书的内容了，我们来讨论一下为什么大家没有时间读这本书。”

亲爱的丹：

你好！

前几天我在度假，其间我拜读了你写作的《怪诞行为学 4》一书。在阅读这本书的时候，我一直在思考一个问题：度假期间，人们的行为是否会更诚实一点儿呢？

朱莉

这是一个有趣的问题，但遗憾的是我没有任何数据能够用以解答这个问题。尽管如此，我们可以考虑下面几种可能的答案。人们之所以更加诚实的一个原因是，在度假的时候，我们可能不会那么在意金钱。人们不诚实的动机有一部分是为了经济利益。如果我们不大在乎金钱，可能就会表现得更诚实。我们之所以有可能更加诚实的另一个原因是，在度假的时候，我们常常心情愉悦。有证据表明，人在心情愉快的时候更愿意努力保持这种心态，而不大可能冒险破坏自己美好的心情。

但是，还有一些原因可能会让人们在度假时变得更不诚实。第一个原因是：我们的假期一般是在新的、不熟悉的环境中度过的，这意味着在这种非常规环境中的不道德行为，对我们看待自己的方式不具有相同的负面意义。度假时，我们有可能更不诚实的第二个原因是：关于度假的社会规范可能看起来不够清晰，也更容易被篡改：关于不遵守交通规则的规定是什么？在葡萄牙，我们应当支付多少小费？在土耳其，人们可以从宾馆带走毛巾吗？这种自以为是忽略规则的行为更容易让我们行为不端，却自认为自己举措有适、诚实守信。

总的说来，度假时我们是否能更诚实一些呢？我怀疑我们在度假时更不诚实，但我愿意证明我的想法是错误的。

诚实，情感，自我形象

如何选择付账的方法?

“我想在一个能环视整个大厅的地方坐下来，
看看在我们之后落座的人是否会先于我们得到服务。”

亲爱的丹：

你好！

请问与朋友外出吃饭的时候，分开付账的最佳办法是什么？

威廉

这无疑是一个重要的问题，因为它涉及微妙的友谊、社交公平以及与体验有关的优化设计问题。

总体来说，有三种可以实现分开付账的办法。第一种办法是：按照每个人自己所点菜肴分别付账；第二种办法是：平摊餐费；第三种办法是：让一个人帮所有人埋单，下次一起吃饭再换另一个人埋单。我最喜欢轮流埋单的方法，平分账单次之，最后是各自埋单。原因如下：

如果你们采取各自付账的办法，那么所有人就都成了兼职会计：确认收据上属于自己的消费项目，记下价格，加总算出自己的餐费。雪上加霜的是，这种令人厌烦的计算过程是出现在当晚活动即将结束之时。因为活动的尾声对人们的影响很大，决定着我们对于整个活动的记忆，而这种办法会给当晚的活动蒙上一层阴影。

第二种办法是平摊账单。在人们所点食物金额相差无几的时候，这种办法很有效。但是，我们可以比较一下这两种结果：一种是晚宴结束后大家都记住了焦糖奶油的美味，另一种是晚宴结束后大家一直在想着苏西是多么令人讨厌——她吃了那么多主菜，却只跟大家付同样多的钱。

第三种办法（我最喜欢的办法）是让一个人为所有人埋单，然后下次晚餐换另一个人埋单。如果你总是和同一群人外出吃饭，这会是一个非常好的办法。为什么？首先，得到免费餐食的感觉很特别，这种办法可以最大化地增加受益人数，让更多人觉得自己吃到了免费食物。其次，尽管为所有人埋单的人最终会因为花了一大笔钱而感觉不佳，但其他人得到免费餐食后的兴高采烈极大地补偿了这种负面情感。从经济角度来讲，这意味着社会福利提高了。再次，埋单者甚至可能会从付出中获得好处。我们来看一下这个例子：贾登和卢卡是朋友，他们要去他们最喜欢的中东饭店吃饭。如果他们平分用餐费用，那么他们两个人会分别感觉到 10 个单位的痛苦。但是如果贾登为两个人埋了单，那么卢卡得到的就是零单位的痛苦和吃到免费午餐的快乐。随着支付金额的增加，敏感性会递减，因此，贾登感受到的痛苦可能会低于 20 个单位，比如 15 个单位。最重要的是，贾登可能会从为好友埋单这一行为中得到更多的快乐。

考虑到所有这些因素，你可以看到为什么让一个人为所有人埋单，然后下次换另一个人埋单的方法最好。但是，如果每次和你一起外出就餐的人都不同，该怎么办？即使是这样，我认为轮流埋单也是一个不错的方法。因为这个办法可以使整体的快乐最大化，这很容易就弥补了偶尔的经济损失。

朋友，饮食，花费，情感

办公用品和一枚 25 美分的硬币

“当你撒谎时，这种行为是离钟形曲线的平均值更近还是更远了？”

亲爱的丹：

你好！

我同一个朋友谈起你的一个关于不诚实行为的实验。在这个实验中，当人们从员工休息室中偷一些碳酸饮料和饼干时，都觉得心安理得，但如果偷取同等金额的钱，情况就不同了。我的朋友说在他的单位，像订书机、胶带座之类的办公用品经常被人拿走。之后，他在每件办公用品上都黏了一枚 25 美分的硬币。5 年以来，再也没有人拿走过他的任何办公用品。请问这个例子符合你的实验结果吗？

托尼

这正是问题的关键。原来我们可以为自己许多恶劣的行为做出合理的解释，这些行为越是与钱无关，解释起来就越简单。你的朋友把硬币黏到办公用品上的做法表明，对这些办公用品借而不还就有偷钱的嫌疑。通过这种重新定义的方式，使随意拿走别人的办公用品这一行为在人们心目中变得更像道德上的缺陷。

我赞同把这一原则应用到办公环境中。当然，如果我们能够把硬币黏到证券和其他金融产品上，这个世界就有可能变得更美好。

诚实，金钱，职场

没时间工作却有时间运动

“我要出去弄一些内啡肽回来。”

亲爱的丹：

你好！

我们办公室里的许多人都难以集中精力工作，哪怕是20分钟也做不到。但是，他们却可以长时间地进行运动。他们在运动时非常有耐力，令人惊讶。你能够解释这种矛盾的现象吗？

迈克尔

事实上，这可能并不是一种矛盾的现象，正如我最近所了解的，它们是同一种机制作用下的两个层面。几个星期前，我飞往加利福尼亚开会。凌晨4点30分，我离开家，上午10点，我到达旧金山。在开了一系列的会议之后，下午5点，我已经疲惫不堪了。但是，我还有大量的工作要做，我决定至少要完成其中的一部分。问题是，当时我感觉自己已经筋疲力尽了。于是，我决定出去跑步。

之前，我也试着去跑步，可能每5年或者每10年跑一次。但是，这一次的跑步体验实在太奇妙了，它改变了我对跑步的看法。我跑一会儿，又走一会儿，一路上听着音乐。这很有挑战性，我很快就气喘吁吁起来。但是，这与我要完成的工作所需要的脑力劳动相比，根本算不了什么。说实话，我是在逃避工作，这让我感觉不错。

我对你的问题有了新的理解：我认为那些不喜欢自己工作的人，或者不具备耐心去完成他们负责的复杂工作的人，更有可能花很长的时间进行运动。设想一下，你的一些同事休息两个小时去读书或看电影的情况。他们一定会被视为自私的懒人，白白浪费时间，对公司或社会没有任何贡献。但是，由于社会规范告诉我们运动有益健康，因此运动是一个十分合理的逃避工作的借口，让人心安理得，而且其他人也不会对此提出质疑。

既然我已经发现了这种既可以花时间锻炼，又不用为此感到内疚的方法，我觉得自己也应该多去跑跑步。

职场，运动，拖延症

增强记忆力的秘诀

“我并不是失去了记忆，我只不过是活在当下。”

亲爱的丹：

你好！

我如何才能更好地享受生活呢？时光荏苒，岁月如梭，一年的时间很快就过去了。这其中是否有原因呢？难道在孩童时期我们关于时光流逝更为缓慢的记忆，只是一种错觉？

盖尔

时间确实在流逝，或者更确切地说，年龄越大，我们越觉得时间过得飞快。在我们的人生刚开始不久的岁月里，我们感觉每一件事都是崭新的，我们的许多经历都是独一无二的，因此，它们会给我们留下深刻的印象，在我们的记忆中根深蒂固。但随着时间的推移，我们遇到的新鲜事越来越少。一个原因是，在成长的过程中我们见识并经历了许多事情。另一个不大令人高兴的原因是随着时间的推移，我们成了日常生活的奴隶，见到的新鲜事越来越少。

要想看清这种解释对你是否属实，只要试着回忆一下上个星期每一天发生在你身上的事情即可。你很可能认为没有发生什么特别的事情，也很难回忆起你在上个星期的每一天中都做过什么。

既然会议对我们的满足感和幸福感来说非常重要，那么对于这种令人担忧的记忆力，我们可以做些什么呢？或许我们需要一个记忆/经历应用程序，该应用程序会鼓励我们尝试新鲜事物，指出那些我们从没有尝试的事情，推荐那些我们从没有品尝过的菜肴，找出那些我们从未去过的地方。这种应用程序能够让我们的生活更加丰富多彩，促使我们尝试新鲜事物，减慢时间流逝的速度，增加我们的幸福感。在这种应用程序诞生之前，每个星期都至少去尝试一件新鲜事，怎么样？

衰老，记忆，经历

书和有声读物的异同

“我讨厌书架上的《白鲸》，因为它仿佛一直在嘲笑我，
因此我把它收录到我的Kindle（电子阅读器）里。从此，我再也没有想起过它。”

亲爱的丹：

你好！

最近我周围的许多人都在谈论他们读过的一本书。尽管我对这本书非常熟悉，也想参与到讨论中去，但我有些胆怯，因为我听的是这本书的有声版。我的第一个问题是：为什么我羞于说出我听过这本书的有声版？我的第二个问题是：我应当如何做？

保拉

小时候，我们便学会了如何倾听他人的话，因此，对我们来说，听懂其他人的话没有什么难度。相反，我们在成长的过程中逐渐学会了阅读与写作，并清楚地记得我们学习这两项技能时的艰难。基于这种差异的存在，人们认为阅读比听懂一本书更难。因而，与听书相比，我们更看重阅读的价值。

我的第一个建议是：你必须知道真实情况并非如此——阅读不一定比听更难。事实上，难易顺序甚至可能会颠倒过来。在收到你的问题之后，我去购买了一本有声读物，并在一次长途飞行中听了一下。不管怎么说，我发现听书比读书更难让人集中精力（我还必须指出，我听的那本书是库尔特·冯内古特的《加拉帕戈斯群岛》，这也能说明一些问题）。

我的第二个建议是，你必须找到一个适合的词语来描述你的阅读过程。比如，对于那些你喜欢的书，你或许可以说："我认真地读了那本书。"而对那些内容更深奥的书，你或许可以说：“我一字一句地读了那本书。”

如果这些办法对你不管用，你可能就应该拓展一下“读书”这个词的含义了。或许我们应当承认，目前有许多渠道可以获取信息，有声读物就是其中之一。这看起来好像有些不诚实，但你或许能够引领一场命名革命，让众多听有声读物的人对他们的行为感到心安理得。

技术，娱乐，语言

人的灵魂和帕斯卡赌注

亲爱的丹：

你好！

最近，在一家酒吧的门口，我遇到了一个人。他告诉我他不相信人有灵魂，我当即问他是否愿意把他的灵魂卖给我。最终，我们以20美元的价格成交，我支付给他现金，而他在一张餐巾纸上写下字据，把他的灵魂卖给我。

我不相信有来世，但不得不相信灵魂极有可能具有更高的价值（甚至有可能是无价的）。因此，20美元看起来好像很合理，物有所值。你认为我出价过高还是物超价值呢？

凯里

我认为，这是一次划算的讨价还价。你的故事让我想起了帕斯卡赌注，它是以一位哲学家的名字命名的。这位哲学家认为，哪怕只有很小的概率能够证明上帝与天堂的确存在，来生也是具有无限可能性的，聪明的做法就是在生活中把上帝和天堂视为真实存在的（因为你将会通过无限性来增加这一很小的概率，其结果也必然是无限的）。

从成本的角度看，我认为你占到了大便宜。原因有三个：

第一，关于这一交易的谈话肯定比普通的酒吧聊天有趣得多。因此，如果你在乎自己的时间质量，那么这20美元是一笔不错的投资，即使后来证明灵魂是不存在的。第二，现在你有了一个好故事，可以引发你长时间的思考。这一点也物有所值，甚至有可能超过20美元。第三，现在你拥有了一个灵魂，应当引以为豪。但是，假如所有这些原因都无法说服你，那就把这个灵魂转让给我吧，我愿意从你那里把它买下来。

遗憾，价值，宗教

葡萄酒的价格

“哇，太棒了！瓦莱丽的到来提高了这家酒吧的档次。”

亲爱的丹：

你好！

我在一家酒庄买了两瓶售价不同的葡萄酒。当时，这家酒庄正在举行“买一瓶，加5美分再赠一瓶”的活动。买第一瓶葡萄酒我花了16.99美元，而买第二瓶葡萄酒我只花了5美分。

明天，一位好朋友邀请我去他家吃晚饭，我打算带一瓶葡萄酒过去。我应当带哪一瓶，是售价16.99美元的葡萄酒还是售价5美分的葡萄酒呢？我是否应当跟他说一下酒的价格呢？

拉格斯

长期以来，我们都知道葡萄酒的价格越高，就越受人们的喜爱。然而，尤为有趣的是，只有当我们知道葡萄酒的价格时，这种相关关系才存在。在我们不知道价格、盲品葡萄酒时，价格和我们对其的喜爱程度之间并不存在相关关系（专业人士在盲品时会产生正相关的评价，但此类真正的专业人士少之又少，即使对他们来说这种相关系数也是极小的）。

考虑到这一点，你向自己提出的第一个问题应为，是否要告诉你的朋友这瓶葡萄酒的价格。如果你不打算告诉他，就带那瓶售价5美分的葡萄酒即可。因为你知道这瓶葡萄酒的价格，所以你不大可能会喜欢这瓶酒，或许你应当喝别的酒。相反，如果你决定告诉他葡萄酒的价钱，我建议你带着那瓶售价为 16.99 美元的葡萄酒去他家。你甚至可以夸大一下价格，把你驱车到商店的费用和你的时间成本都计算在内。这样一来，你的朋友一定会喜欢你带去的这瓶好酒。

饮食，价值，期望值

课程和教师的搭配艺术

“请大家按照注意力集中的时间长短来排队。”

亲爱的丹：

你好！

我是一名中学生，在所有课程中，我感兴趣和讨厌的课程各有一门。在所有任课教师中，我喜欢和讨厌的老师也各有一位。我的问题是，下面哪种情况对我更有利呢？是我喜欢的老师教我感兴趣的课、我厌烦的老师教我讨厌的课，还是我喜欢的老师教我讨厌的课、我厌烦的老师教我感兴趣的课？

阿米特

你真正想问的是关于快乐与痛苦的累计问题。我们把那种好上加好、坏上加坏的办法称为极端做法（因为一门课会变得精彩纷呈，而另一门课则会变得枯燥乏味），把好坏参半的办法称为普通做法（因为两门课都有好有坏）。

如果你认为组合体验的本质是不对称的，每增加一点儿积极体验都会使其变得更好，而一旦出现消极体验，无论多么消极都无所谓，那么，你应当采取极端做法。这样一来，至少会有一门课值得你期待。另外，你同时还会有一门非常糟糕的课。

关于组合体验还有一种截然相反的观点，那就是关于忍受极端消极体验的能力。如果你认为无法忍受糟糕教师加糟糕课程的体验，认为这种组合让你忍无可忍，那么普通做法将会更适合你。

我最愿意看到的就是你喜欢你的老师和所学的课程。不仅如此，你还要把学校看成一个欢乐、有趣的地方。考虑到你需要在正规教育上花费更多的时间，也要把余下的时光用于许多其他方面的学习，热爱学习至关重要。因此，我认为普通做法更适合你。在课堂上，如果老师的表现很糟糕，内容也令人生厌，那么对你来说，这堂课就可能会极难应付，也很难让你热爱学校和学习。

另外，我猜想，如果课堂上有你喜欢的老师，内容并不是你喜欢的，你就会关注老师而忽视内容；如果你不喜欢老师，却喜欢讲课内容，你就会试着关注课堂内容而忽略这位老师。这意味着，通过转变你的关注点，你可能会从这两门课中获取更多的价值和更少的痛苦。

祝愿你能够一直快乐地学习下去。

教育，体验，动机

如何抵挡美食的诱惑？

“当饭菜的量过大时，我会即时吃掉一半，歇几分钟后再吃掉另一半。”

亲爱的丹：

你好！

每当我熬夜的时候，都会把冰箱里的食物吃光，这毁掉了我的节食计划。在白天，我会努力抵制住食物的诱惑，但到了晚上，我的意志力仿佛就不起作用了。我该怎么办？

梅尼

你所描述的是一种普遍现象，它被称为“耗竭”。从早到晚，我们面临着诸多大大小小的诱惑，并尽自己所能来抵制这些诱惑。我们努力做到理性，防止自己屈服于各种强烈的欲望，例如购物、拖延，以及在YouTube视频网站上观看最新的宠物视频等。

但是，我们抵制诱惑的能力就像肌肉一样——锻炼得越多就越疲劳，到了某一时刻（这一时刻极有可能出现在夜间），我们的意志力将变得十分脆弱，不足以阻止我们屈服于诱惑。这就是为什么一些服务性行业，例如酒吧、脱衣舞夜总会等场所大多选择夜间营业的原因。在抵制了一整天的诱惑之后，我们耗尽了意志力，很容易就会屈服于美食的诱惑。

克服耗竭问题的一个办法来自奥德修斯与塞壬女妖的故事。在这个故事中，奥德修斯命令水手把自己绑在桅杆上，在任何情况下都不要解开绳索，直到他们驶离塞壬女妖的地盘。这样一来，奥德修斯就不会屈服于诱惑而跳进海里送命。这一方法在现代社会该如何实现呢？那就是不允许任何充满诱惑力的食物进入你家。你可以寄希望于未来的自己能够抵制住诱惑，买了巧克力蛋糕后可以做到每两天只吃一小块。但是，更可靠的办法是意识到自己很容易就会向美食投降，因此，不要在冰箱中存放任何巧克力蛋糕。

节食，自制力，饮食

由三个部分组成的解决方案

亲爱的丹：

你好！

咨询顾问们总是把问题和解决方案分成三个部分，这是为什么呢？

爱丽丝

在解答问题时，咨询顾问们总是试图在答案简单化和完整化之间达成一种微妙的平衡。我猜想，三个部分的做法刚好击中了问题的最佳“击球点”。

沟通，欣赏，决策

改掉浪费时间的坏习惯

亲爱的丹：

你好！

我在与好朋友们聚会时，我们的谈话最终常常会是这样：“你打算到哪儿去？”“不知道。”“你打算去哪儿？”“不知道。”这种讨论令人懊恼、不快，而且十分浪费时间。你有何建议可以促使我们更快地做出决定？

马修

当有人问你“你今晚打算做什么”的时候，他们的意思是：“考虑到所有可能参加今晚活动的人，我们能做的最有趣的事情是什么？”

但是，要弄清楚最优方案是十分困难的。首先，我们需要想到所有可能的选择；其次，我们需要弄清楚自己的偏好，以及参加活动的所有人的偏好；再次，我们必须找到一项可以最大化地满足这些限制条件和偏好的活动。

根本问题是，在你寻找最佳活动的过程中，你没有把时间成本考虑进去。你们在一起浪费彼此的宝贵时间，提出“你打算干什么”这样的问题，可能是最浪费时间的方式。

要解决这一问题，我想建立一条规定，用于限制你们找到最佳方案的时间。我将提前选择一项默认活动，以防你们无法找到更好的选择。比如，选择一项大家都可接受的不错的活动（到X地点喝酒，到Y地点打篮球），并告知你的朋友们，除非其他人能找到更好的选择，否则10分钟后大家都要前往X地点或Y地点。

我还会在你的手机上安装一个计时器，明确表明你对执行此规定的态度是认真的，一定会遵守时间限制。一旦计时器的蜂鸣器响起，马上就向X地点或Y地点出发，并要求每个人都跟你一同前往。在重复几次这种方法之后，你的朋友们就会形成习惯，你也会改掉浪费时间的坏习惯。

朋友，决定，协调，时间

自助餐的投资回报率

“我先设定了一个目标，然后去实现这一目标。

我证明自己是可以实现这一目标的。现在，谁还会在意目标是什么。”

亲爱的丹：

你好！

在吃自助餐时，我怎样才能使自己的投资回报率最大化呢？我是应当先吃甜点然后再使劲儿吃主菜，还是先吃沙拉然后只吃主菜中的健康食品呢？

赛义德

尽管我也很欣赏你的这种追求投资回报率最大化的想法，但像在生活的其他领域一样，我们必须关注正确的回报形式。你的错误是，你关注的是短期回报而不是长期回报。如果你去自助餐厅就餐，想要最大化地实现你的短期回报，你就很可能会狼吞虎咽地吃下大量食物。但随后，你将不得不应对你的行为所引发的长期后果。或许，你将不得不在健身房中多花费一些时间，你甚至会因此增加几斤的体重，而我们中的许多人正在努力减肥。无论采用哪种方法来消耗你摄入的过量食物，都会对你产生某些负面影响。

在吃自助餐的时候，我们中的一些人所犯的另外一种错误（这种错误在生活中的其他领域也会发生）是，一心想要给自助餐厅带来最大化的食物成本。我们在吃比较昂贵的食物时，总会觉得自己赚了。但是，我们生活的目标（就像吃自助餐一样）是实现快乐的最大化，而非给他人带来最大化的成本。如果与鱼子酱相比，我们更喜欢吃面包和奶酪，那么或许我们应当偶尔尝一点儿鱼子酱，为了确认我们确实不喜欢吃这种食物。但是，我们应当关注那些给我们带来更大化快乐的食物。

关于你的问题，我的建议是：应该坚持一种更健康的饮食方式。但是，由于许多自助餐厅都自吹自擂，吹嘘有各色新奇菜品，遵循着那句“多样化是生活的调味品”的俗语，我也会偶尔品尝一下我以前没吃过的一两种食物，只是为了体验一下。

饮食，长远考虑，体验

如何问对问题？

“我已经长大了，能够判断出你们表面看似宽容，但实际上是在责备我。”

亲爱的丹：

你好！

最近，我的女儿开始与一个个性懒散、头脑愚蠢的男孩约会。我怎样才能心平气和地告诉女儿这个男孩不适合她，不用说教的口吻，而且让她不会完全忽视我的意见，甚至故意与我做对？

一位焦虑的母亲

我不了解这个男孩的真实品质。我认为，你的反应可能是全天下父母的共同反应，当他们（完美的）女儿把她们（远非完美的）男朋友带回家时。我甚至不愿意想象当我的女儿（内塔，今年 9 岁）第一次把她的男朋友介绍给我时，我的反应会是什么。

但为了便于讨论，我们假设你的看法是正确的，你女儿的男朋友的确愚蠢、懒惰，一无是处。即使这些都是真的，你也不应当把你的真实意见告诉你的女儿。相反，你应当向她提出几个诱导性的问题。在正常情况下，我们一般会避免问一些自己都难以回答的问题。但如果别人向我们提问，那么这些问题有可能会在我们的头脑中扎根，成为我们内心独白的一部分。比如，你可以问："你跟男友相处得怎么样？吵过架吗？你最爱他的 10 个特点是什么？你最不喜欢他的是什么？"这些问题的答案可能是这样的：很好；一周几次；我只能想到三个特点，而想不到 10 个；他的自私。结果就是，你的女儿可能会开始留意她和男友的每一次吵架，留意她真正爱他的地方，以及他的自私。

我承认，这种方法有点儿诱导的意味，但我希望这可以让她开始深刻思考自己与这个男孩的关系。或许，她会得出与你相同的结论。

家庭，男女关系，意见

自由意志和甜甜圈

亲爱的丹：

你好！

如果人们做决策的方式在很大程度上取决于他们所处的环境，那么这是否意味着世界上不存在自由意志呢？

马特

不一定。设想一下，每天早晨我进入你的办公室做的第一件事就是在你的办公桌上摆满新鲜出炉的甜甜圈。那么，到年底时，你的体重没有大幅增加的概率有多大呢？我猜想这个概率接近于零。只要环境稳定不变，我们的行为在很大程度上就会受其影响。好消息是，我们不必每天受到甜甜圈的诱惑，我们可以阻止甜甜圈出现在我们的办公室。广义地说，在设置环境时，我们可以采取减少自己失败的方法。

这就是自由意志的栖身之所，它存在于我们设置环境的能力中，更多地与我们的优点相一致。更重要的是，它可以帮助我们克服自己的缺点。

一年之中最乐观的日子

亲爱的丹：

你好！

请问你相信新年愿望可以实现吗？

珍妮特

是的，我坚信。每年中大约有一个星期的时间我会特别相信新年愿望会实现，那就是旧的一年结束前的大约 5 天时间，以及新的一年来临后的大约 2 天时间。

习惯，自控力，愿望

股票投资与冲动性决策

“一家让我们损失惨重的基金公司，怎么能称自己是一家具有社会责任感的公司呢？”

亲爱的丹：

你好！

有时候我会强烈地想要触碰自己所设定的股市投资的底线。我如何才能控制住自己的冲动呢？

加纳帕蒂

我猜想，你要问的是所谓的“情绪温差”问题。在这一问题上，我们会对自己说：“我能够承担的风险有一定范围，一方面收益至少可以达到 15%，另一方面损失不能超过 10%。”但当我们的损失达到 5%的时候，我们就会十分惊慌，开始抛售股票。

我们在看待此类情况时，通常会认为在我们的头脑中那种较为冷静、理性的声音（最初设定风险等级和投资组合的声音）是正确的，而在应对市场短期波动时让我们表现得惊慌失措的声音则会把我们引入歧途。

从这个角度来看，你可以考虑两种解决方案：第一，让你“理性”的一面来打理你的投资，这样一来，“情绪化”的一面就难以在你头脑发热的时候失去控制。比如，你可以要求你的投资顾问阻止你做出任何改变，除非你在思考了 72 个小时之后仍然决定这样做。或者，你的投资方案可以是这样的：如果要对投资策略做出任何调整，那么你和你的伴侣必须签署相关文件才行。或者，你可以试着不去惊动情绪化的自我，或者你不要常去查看你的投资回报情况，又或者要求你的投资顾问只在损失超过你的预期时再提醒你。

无论你做什么，我认为有一点很清楚，那就是：随时改变投资决策很容易就会做出糟糕的决定。尽管控制我们的冲动常常有悖于我们的想法，但有时候，限制我们做决策的能力却是保证我们坚持长期投资策略的最佳方式。

损失厌恶，股票市场，情感

通勤与居住地点的选择

"对不起，吉姆。我爱你，但是我讨厌佛蒙特州。"

亲爱的丹：

你好！

我前不久结婚了，但是我和我的丈夫正在艰难地思考应该去哪里生活。我们是应当住在离上班地点近一些的市区，还是住到一个房价更便宜、更环保，而且离市区更远的地方，从而使手头更宽裕呢？

来自市中心的一对夫妇

你在做这个决定时应当把以下几件事考虑在内：首先，我们大多数人对生活中的大部分事情都会逐渐习惯和适应的——不同面积的房子，丰富多彩或者单调乏味的环境。我们对这些变化的适应速度往往超乎我们的想象。我的个人经历是这样的：多年前，我受了一次重伤，它几乎彻底地改变了我的生活。但随着时间的推移，我竟然逐渐习惯了这些变化。现在，我的生活远比受伤时我所能想到的要好得多。

虽然我们可以相对顺利地适应许多变化，但有些变化却让我们无法适应，或者至少不是那么容易就能适应的。比如，坐公交车通勤，日复一日地从居住地坐车去往市中心这件事总是让我们很痛苦。

我们无法适应某件事的原因，也为我们了解适应过程的本质提供了重要依据。如果我们知道自己每天上午 7 点 30 分离开家，上午 8 点 55 分能够到达上班的地方，那么我们很快就会适应通勤生活。但是，由于我们永远无法预知交通堵塞的情况，因此我们永远无法知道到达单位的确切时间。这种不确定性使得人们难以适应通勤生活，也使得我们在每天上班的路上都很焦虑，不知道我们能否按时上班。

这就是为什么我建议你要把居住地距离单位的远近作为一个重要因素考虑进去，由此决定应该住在哪里。这有可能会极大地影响你的生活质量，超乎你的预期。

通勤，幸福，适应

乘坐烘干机去参加婚礼

亲爱的丹：

你好！

我正在购买机票，为几个月后的一次个人旅行做准备。其间，我不断地思考同一个问题："当下的我"因为精打细算，决定选择夜间航班出行，转机几次，在偏远的机场起飞——这可能需要我开好几个小时的车才能到达。之后，"未来的我"得在朋友婚礼的前一天夜里11点租赁一辆汽车，开两个小时从凤凰城赶到图森市。这将使我心生怨恨，抱怨自己竟为了节省几百美元，让一次本来就很昂贵的旅行变得令人不快。机票预订网站在预测机票价格方面做得越来越好了，我却为何好像丝毫无法准确地预测自己的偏好？

我如何才能得出省下来的这些钱将对我是值得的这一结论呢？或者，即使这行不通，当我在凌晨1点驾车驶入图森市的一家汽车旅馆的停车场时，我如何才能够安慰自己呢？

露丝

你对问题的描述十分准确。在当下"冷静"的状态下，你关注的是价格，它很容易引起你的思考。当你真正开始旅行的时候，你就会感到疲惫不堪、困乏不已（一种“躁狂”状态）。但所有这些对当下的你来说，都不如舒舒服服地坐在电脑前面比较不同的出行方案。

顺便说一句，这个问题很常见。每当我们在某种情感状态下做出关于消费体验的决定时，它都会出现，而这种消费体验会在不同的精神状态和不同的情感状态下发生。

为了帮你做出一个更好的决定，我的建议是：你今晚9点钟到一家洗衣店去，在洗衣机和烘干机上坐两个小时，这样做是为了模仿飞行的体验。如果你真的打算这样做，那么你一定要随身带一袋花生和一瓶姜汁汽水。等你夜晚11点“着陆”的时候，你往四周看一下，找一下不翼而飞的袜子（模仿下飞机后找行李的动作）。在真正地了解实际的旅行体验之后，再登录旅行网站看一下对你来说什么更重要：是省下几百美元还是早点儿上床休息？

为了使这种模仿更有效，试着设想一下：在经过了漫长而痛苦的夜间旅行之后，你在朋友的婚礼照片中会是什么样子。

希望你能做出正确的决定，并恭祝你的朋友新婚愉快！

旅行，预测，情感，决定

升职带来的成就感

“如果你不希望自己比同学低人一等，你当初就不应当上一所好学校。”

亲爱的丹：

你好！

我供职于一家高科技公司，但看不到升职的希望。我的一位好友在警察局工作，一直在升职。他说这与他的能力无关，而与单位内人员的素质有关。我应该选择一份其他人都很平庸而我最优秀的工作，还是选择一家人才济济而我难以晋升的单位呢？

戴维

你的这个具有普遍性的问题与快乐有关。在职业生涯中，人们因为自己的进步而感到快乐。这种进步对我们的健康非常重要，它能够带来喜悦、自尊和同事的认可。

对于人们需要进步的广泛认可，解释了为什么公司为管理层设置了各种头衔和过渡岗位（高级职员、主管、科长、副总裁、高级副总裁以及副首席执行官等）。公司希望通过这种游戏化的方式，使员工感到他们正在进步，即使有时候这些职位并没有什么实际意义。

从以往经验来看，这种岗位设置只会影响到那些想要从事管理工作的人。工程师依然是工程师，即使他们的薪水会增加，责任也会更大。随着时间的推移，许多公司都采用了这一策略，在其机构内部设置了各种新职务。现在，大多数公司都有一长串头衔，这让所有员工认为自己就是沿着这种职业生涯规划路线向前发展的（在这一过程中，学术界无疑起到了带头作用）。

进步可以带来尊严、便利和舒心，因此在你辞职转而加入一家人员平庸的新单位之前，看一下你是否能接受，甚至可以创造一个新头衔。跟你的老板谈一谈，尝试承担更多的责任，并提议在你的名片上加上一个新头衔。通过这些变化，你一定会获得自己的成就感。

如果这个方法不起作用，就与更多的人交谈一下，甚至可以找一些工作业绩不如你那位警察朋友的新朋友进行交流。你可能会发现，与他们中的一些人相比，你已经非常成功了。如果你继续与这些不太成功的朋友保持联系，通过对比你将会感觉更好。

职场，对比，目标

心理距离和移情作用

亲爱的丹：

你好！

我正坐在德国的一列火车上给你写信。这列火车很拥挤，没有一个空座位。然而，那些特殊的“贵宾乘客”却有权要求那些已经就座的乘客给他们让座。这一重要身份被赋予了那些（像我一样）经常乘坐这趟列车出行的人。能得到座位固然令人开心，而且按照规定我也应当得到一个，但是，我却无法开口要求某个“非贵宾乘客”把他的座位让给我。为什么这对我来说这么难呢？

弗雷德里克

你的问题与所谓的“可识别受害人效应”有关，其基本观点是当我们看到眼前有人遭受痛苦时，我们就会同情他们，关心他们。如果有可能，我们还会帮助他们。但是，如果这一痛苦过于沉重，或者我们看不到正在遭受痛苦的人，我们的关心程度就会不一样，或者不会提供帮助。

我猜想，如果在你上车的10分钟前，乘务员随便要求一位乘客把座位让给你，那么，这种情况就将在你与那位“受害者”之间形成巨大的心理距离，因此你会非常心安理得地接受这一座位。

如果很容易就可以知道让出座位的那个人，那会是一种什么样的情况呢？比如，如果在你上车的那一刻，乘务员让某个人为你让座，会怎么样呢？或者再糟糕一点儿，如果乘务员要求某位乘客给你让座的情形刚好发生在你的眼前，会怎么样呢？当然，最糟糕的情况是让你挑选一个乘客，要求他把座位让给你。

我们从中可以得到什么经验呢？与他人发生直接联系，使我们行为的影响变得更鲜明、清晰，它会使我们在感知、移情和行动的时候变得更加谨慎和富有同情心。更重要的一个问题是，如何让我们的政治家、银行家、总裁以及其他所有对我们的生活能够产生间接影响的那些人，意识到他们的决策与行为可能造成的后果。

旅行，他人，情感

要不要改变现状?

“我很担心，如果我离开纽约，不知道我会变成什么样子。”

亲爱的丹：

你好！

我应当提出辞职吗？我素来不大满意我的工作，可我已经在这家公司待了 8 年。出于现实和经济方面的原因，我应当留下来：我的工资很高，包括优先认股权和津贴；每年有几个星期的假期；还有养老保险。另外，谋求一份新工作存在着许多不确定因素，我无法预测在新单位我是否会比现在开心。我是应当继续待在现在的公司，还是应当找一份新工作呢？对此，你有何建议？

K · P

事实上，你的根本问题在于你现在并不快乐。这种不快乐是由工作引起的，还是由你本人引起的？如果原因在于你的工作，那么换工作就是帮助你实现美好未来的有效途径。相反，如果原因在于你自己，那么换工作将徒劳无功。因为正如“江山易改，本性难移”这句谚语所说的，你的性格依然会让你对新工作不满意。

到底是什么原因呢？这很难说清楚，尤其是当你长期从事同一份工作，又无法预测自己从事不同工作时的感受之时（顺便说一句，你可以思考一下恋爱关系中类似的问题）。

因此，我建议你下次放假的时候（比如三个星期），利用这段时间主动到一家你正在考虑加入的公司工作试试。请注意，我的建议是尝试一段较长的时间，因为你需要一些时间来更好地了解当新工作最初的新鲜感消退之后自己的感受。当然，当几个星期的志愿者无法让你充分了解长时间在这家公司工作的感受，但可以让你更好地了解当下你不快乐的原因。当这段时间结束的时候，你就可以更好地了解导致你不快乐的原因是目前的工作还是你自己。

如果你不考虑利用你的假期来试着弄清楚你应当继续做现在的工作还是另谋高就，那么这说明你现在并没有感到不快，因此你应当安于现状，并停止抱怨。

....

亲爱的丹：

你好！

17 年前，当时我的儿子刚满 18 岁，他作为一名艺术生前往纽约的库伯高等科学艺术联盟学院上学。现在，他已经 35 岁了，却始终不愿意离开纽约市。事实上，他不喜欢住在纽约，而更想搬到美国西部与我们住在一起，以便从事摄影艺术方面的工作（并希望将其作为事业）。但是，他周围的人给他的建议却截然相反，他们似乎认为纽约才是世界上唯一可以生活和工作的地方。你有何建议或建设性的方法，让他明白自己的处境不妙，应当搬来与我们同住呢?

芭芭拉

首先，令人高兴的是你希望自己的儿子搬到离你近一些的地方工作和生活，而不是待在美国东部。而且，我相信他的想法与我一样。

对于他是否搬家，我猜想你的儿子共受到三种决策偏见的困扰。第一种是“禀赋效应”，它与我们的倾向性有关。人们倾向于把自己当下的处境作为参照点，而把其他任何情况视为偏离我们当下状态的消极变化。以你的儿子为例，从纽约市搬到西海岸有好处（天气、父母等），但是也有坏处（人口密度低、美术馆少等）。禀赋效应对他的影响就是：他在更大程度上关注的是自己要放弃的事物，而没有充分注意到搬到西海岸之后他所能得到的事物。

你的儿子极有可能遭受到的第二种决策偏见是“现时偏好”，即与改变我们现状的决策相比，我们对于保持现状的决策有着完全不同的感受。我曾经听到一位空军指挥官对飞行员说，每当他们决定改变航线或保持航线的时候，他们应当永远将其视为主动选择的结果。可问题是，我们中很少有人会这样考虑自己的决策。我们会把搬家、结婚以及变换工作等事情看作决策，但不会把待在原地、保持单身以及继续目前的工作看作决策。或者，至少我们没有将其视为同等重要的决策。

你的儿子所面对的第三种决策偏见是“永久性偏见”。它的意思是，当我们面临貌似不可改变的重大决策（结婚、生子、搬到远方）时，这些决策的永久性使得决策看上去更重要和令人生畏，更别提此类决策可能会带给我们更多的遗憾了。

面对这三种偏见，你的儿子必然会为搬到美国西部这件事而忧虑不安。目前的问题是，你可以做些什么来帮助他做出决定呢？换作是我，我就会将此次搬家设计成一个“为期6个月的实验”。这样一来，你的儿子就不会认为自己搬家了（没有损失），他也不会认为自己的现状改变了（他依然会把自己视为纽约人，只是暂时体验一下美国西部的生活）。这种尝试性的做法看起来就没有那么重大和令人生畏了。但是，一旦他搬到了美国西部，他的观点就会发生改变。很快，他就会产生家的感觉，习惯新的环境，从而形成新的现状。从那一刻起，关于离开美国西部的任何变化看起来都将是十分重大，而且有可能造成遗憾的决策。

职场，实验，幸福

知识的诅咒

“放松！你是一位知名作家，没有人希望你谈论与你自身无关的任何事情。”

亲爱的丹：

你好！

最近，我参加了一个知名学者的讲座。他竟然无法流畅地解释其所在领域内的一些最基本的专业概念，这让我感到震惊和迷惑。像他这样的著名专家在解释问题时，怎么能表现得如此糟糕呢？这难道就是学术界的标准？

雷切尔

我在自己的课堂上经常玩这样一个游戏：我会请几个学生分别选一首歌，但不能告诉别人他们选的歌曲是什么，并要求他们在课桌上敲击出这首歌的旋律。之后，我会让这几个学生预测一下教室内有多少个学生能够准确地猜出他们所奏歌曲的名字。他们通常认为有约 1/2 的学生可以做到，然后，我会让听他们演奏的学生说出歌曲的名字。结果是，几乎没有人能答对。

需要指出的是，当我们了解某件事情，并且对它十分熟悉的时候（比如，我们挑选的那首歌），我们就难以预测出其他人对这件事的理解，这种偏见被称作“知识的诅咒”。我们所有人都会遭受这种折磨，但对学术界人士来说，这种折磨尤为严重。为什么呢？因为学者们经年累月、事无巨细地研究同一个课题，而当他们在这个课题领域成为世界级的专家时，便会觉得与之相关的整个领域看起来都简单至极。因为这种知识的诅咒，这些专家很容易就会认为其他人也觉得这一课题很简单，容易理解。

因此，你所遇到的这个问题可能的确是学术界专业要求的一部分。

语言，他人，预测

自欺欺人的解释

“你丝毫不明白自己该干什么。”

亲爱的丹：

你好！

假如在第一次性爱期间女方睡着了或者在哭泣，你认为哪种情况对男人来说更糟糕呢？

西里

我的理解（不一定科学）是这样的：哭泣可能更糟糕，除非男方告诉自己，女方哭泣的原因是她第一次意识到性爱是如此美妙。

男女关系，性，自欺欺人

老鼠的性命与市场

亲爱的丹：

你好！

市场会让我们的道德水平提升还是下降呢？一方面，市场让我们公开地考虑他人的利益，这可能有助于提升我们的道德水平。另一方面，从本质上来说，市场是竞争性的，这可能使得人们更关注成败得失，而不大关注公平。你对此有何高见？

西米娜

关于你的问题，有一种答案来自阿明·福尔克和诺拉·谢克所做的一组实验。在这组实验中，他们要求实验对象在挽救一只即将被处死的老鼠的生命与赚钱之间做出权衡。在个体条件下，实验对象要么放弃金钱，去挽救老鼠的性命，要么得到一些钱，而老鼠却被杀死了（他们看到了老鼠的照片，也看到了老鼠被杀死的视频）。在个体条件与两种市场条件下，研究者就实验对象牺牲个人收益来挽救老鼠性命的情况进行了对比。在第一种市场条件（双边市场条件）下，一位卖主与一位买主就杀死老鼠而获取金钱进行讨价还价；在第二种市场条件（多边市场条件）下，多位买主和卖主就杀死老鼠而获取金钱进行讨价还价。

结果表明，与个体条件相比（45.9%），在市场条件下，多位参与者选择杀死老鼠（双边条件下的比例是 72.2%，多边条件下的比例是 75.9%）。这一结果表明，当我们出现在市场上时，我们更有可能为了私利而抛弃道德。福尔克和谢克还做过另外一个实验，该实验不涉及任何道德问题。结果表明，在不涉及道德问题的情况下，个体条件与市场条件之间不存在差异，这说明市场直接降低了人们的道德水平。这一发现对于我们以市场为基础的社会来说，肯定不算好消息。

市场，道德，诚信

学着让自己放松

亲爱的丹：

你好！

你讨论过许多关于如何抵制我们所面临的众多诱惑的话题。我有一个类似的问题，只不过角度相反。

通常，我十分善于做出一些理性的决策，这些决策从长远来看对我有利。一般来说，我也能够抵制住诱惑。然而，有时候我在运用这一方法时会走极端。比如，在看电影和推进工作之间，我会选择推进工作，即使我并不喜欢这个选择。出于某种原因，我无法让自己放松、看电视或者与朋友外出闲逛，因为我总觉得这是在浪费时间。

对于我应当如何解决这个问题，你有何建议？

戴夫

你所描述的情况凸显了你实现目标、取得进展、达成重要的整体目标以及掌控一切的需要。但是，有时候，我们也想放松一下，开心一点儿；有时候，我们需要释放压力。如果取得成功和控制自我的条件太过苛刻，我们如何才能够成为理想的自己呢？我猜想，对于你的问题，最常见的解决办法就是喝酒。祝你有一个愉快的周末，记得上床前吃两片阿司匹林，并大量喝水。

娱乐，自控力，快乐

男性的诚实度

亲爱的丹：

你好！

最近，我看了一项关于意大利男性的性学研究。这项研究声称，意大利男性生殖器的平均尺寸与50年前相比缩小了约10%。请问你认为这是好消息还是坏消息？

约翰

对于该研究结果最真实的解读是：在过去的50年里，意大利男性的诚实度增加了10%。

性，诚实，自欺欺人

男人和穿高跟鞋的女人

亲爱的丹：

你好！

你认为男人为什么会被穿高跟鞋的女人吸引住呢？

安·玛丽

关于这个问题，可能有多个原因。首先，高跟鞋改变了穿鞋人的姿态。穿上高跟鞋以后，人变得更挺拔了，看上去身材也更性感。其次，高跟鞋使人看起来更苗条和高挑，改变了人的身体比例。再次，高跟鞋改变了腿的形状，让腿看起来更修长，腿部肌肉变得更紧致。除此之外，我认为一定还有其他方面的体形变化。

但对我个人来说，我最赞同的是进化论的观点。穿高跟鞋的女人之所以能够吸引男人，是因为男人们下意识地相信，高跟鞋使得女人更难从他们身边逃跑。

积极信号和消极信号

亲爱的丹：

你好！

最近，我开始约会了。当夜幕降临的时候，我与约会对象变得激情四射、关系亲密。我的钱包里放着一个避孕套，我希望可以派上用场。可我又担心她知道避孕套的事后，有可能会认为我第一次与她约会就想着与她发生性关系。看起来，这有些像双输的局面：一方面，让她知道我有避孕套，可能让她对我产生糟糕的印象；另一方面，不告诉她避孕套的事情，可能意味着我们不会发生性关系。你有什么建议吗？

戴维

这的确是一个难题。你所说的这种间接交流方式，被社会科学工作者称为“发信号”。简言之，你担心它会向你的约会对象传递关于你的意图的消极信号，甚至会影响你的形象。

解决这一问题的理想办法，就是彻底消除关于这一信号的负面解读。这样一来，你就可以告诉你的约会对象你准备了避孕套，而且不会对你有所不利。怎样才能做到这一点呢？当然，最直接的方法就是让所有男人必须时刻携带避孕套这件事合法化。有了这样一项规定，你的两难处境就消失了，因为你并没有暗示什么，只是遵纪守法而已。

鉴于目前尚未有这样的法律规定，近期也不大可能有，你需要一种即时的解决方案。发起一次在线活动如何？你可以邀请全世界的年轻男士报名参加一项名为“避孕套承诺”的活动，每个男人都要承诺会随身携带避孕套。这样一来，你就可以告诉你的约会对象，你也是这一人道主义活动的参与者和支持者，是出于社会责任感才随身携带避孕套的。事实上，有了这种善意的在线活动的帮助，携带避孕套这一举动将被视为积极的信号，证明你是一位正派的、为他人着想的人。

决策，他人，发信号

讨厌的纳税日

“我正在认真梳理我们所有可支配收入的情况。”

亲爱的丹：

你好！

我讨厌纳税日。有没有办法可以让这一天变得不那么讨人厌呢？

詹姆斯

当我到了纳税年龄，开始提交自己的纳税申请时，我所需要做的一切就是填写一张1040EZ纳税单。在随后的几年里，我爱上了纳税日。因为在这一天，我必须认真思考自己赚了多少钱，应该设法存多少钱，我给了政府多少钱（另外一种思考方式是想一下政府拿走了我多少钱，但我更喜欢“给”这种说法），以及作为纳税的回报，我从联邦政府和州政府那里得到了什么好处。这真是美好的一天，可以让我思考经济和民生问题。

随着时间的推移，我需要缴纳的税金变得越来越复杂，越来越难以计算，也越来越讨人厌。因为发生了这些变化，我对纳税日的看法也发生了变化：由原来作为一个伟大国家的一名公民思考自己的贡献和责任的一天，变成了现在与美国国税局和美国政府进行对抗的一天（甚至有可能是一个星期）。

那么，我们如何才能使纳税日变得美好一些呢？希伯来语中的“mitzvah”一词具有“责任”和“权利”的双重含义。在填写各种让人头疼的税务表格、应对各种纳税规定的黑暗时刻，我一直在努力地做一件事情，那就是把纳税看成一种责任和权利。

重新定义纳税的含义，是我们作为公民所能做的事，但我认为，美国政府也应当履行相应的职责。首先，如果我们想把纳税日的经历当作公民体验，而不是令人厌烦的事情，那么纳税编码必须不断简化。除了程序和表格更加简化之外，我认为纳税日还应当被当作一次教育机会，让公民明白自己的税款花在了哪些地方。或许可以发明某种缴税收据，从中我们可以看到自己对国家所做出的具体贡献。缴税收据上的有些花费可能会让我们感到开心，有些花费对我们来说则是闻所未闻，还有一些花费会让我们感到愤慨。但是，这将会是一个良好的开端，使纳税日变成全民参与纳税的日子。更极端的做法是：给公民一次投票的机会，决定我们缴纳的5%的税款的用处，比如得到更好的教育、更多的医疗保险以及更多的公共服务等。

让我们把这一天的名字从纳税日改为责权日吧。

花费，语言，理解

所谓的“服务”

亲爱的丹：

你好！

为什么我们在美国税务“服务机构”（美国国税局）、美国邮政“服务公司”（美国邮政总局）、有线电视“服务”以及“客户服务”等领域中，都会用到“服务”这个词语呢？

约拉姆

我年轻的时候曾在一家农场待过一段时间。在那里，我曾听农民们说，他们要雇用一头公牛来为他们的母牛“服务”。或许这就是你所提出的问题的答案？

职场，语言，苦恼

体育比赛的过程与结果

亲爱的丹：

你好！

你曾多次提到损失厌恶的理论，认为失败的痛苦远比胜利的快乐更强烈。最近的世界杯比赛极有可能是世界历史上观众人数最多的一项赛事，来自世界各地的球迷对它显然都十分投入。倘若真的如损失厌恶所表明的那样，人们遭受到失败的痛苦大于他们获胜的喜悦，那为什么还有那么多人都成了某支队伍的球迷呢？毕竟，作为球迷，遭遇失败的机会（感觉非常痛苦）与获胜的机会（不能带来相同程度的情感效用）几乎是同样多的。因此，总体说来，许多场比赛的结果，对球迷而言都是不满意的。在运用损失厌恶原则的时候，我是否漏掉了什么东西？损失厌恶与体育运动真的没有关系吗？

费尔南多

“体育迷”的说法暗示了人们在此类事情上拥有选择权，他们仔细考虑过成为某一支球队球迷的利与弊。从个人角度来说，我猜想我们选择全力支持某支球队与其说是理性的选择，不如说与我们的宗教信仰更接近。这表明，在选择自己支持的球队时，事实上我们做出的并不是主动选择（至少不是经过深思熟虑、有根据的）。我们的环境、家庭和朋友影响了我们与球队的关系。

你的问题所包含的另外一种假设是：当我们在选择自己支持的球队时，我们会考虑可能产生的负面情感。这种情感会随着球队的失利而产生，与获胜带来的情感刺激相对立。你的这一观点存在的问题是，我们不是很擅长预测失败将会带给我们的情感反应。因此，我们在进行选择的时候，不大可能精确地把损失厌恶的全部影响考虑在内。

在你的问题中，你还提出了一种可能性：损失厌恶原则可能不适用于体育赛事。这种可能性非常有意思，我想解释一下你为什么是（或部分是）正确的。体育赛事不仅关乎结果，更关乎我们体验比赛的方式：随着时间的推移，比赛过程逐步呈现出来（即使是德国对巴西的那场7∶1的比赛）。与赌博不同，比赛需要时间，比赛的过程本身就能给人带来最大的享受。我们来看一下这样两个人：N（无所谓者）和F（球迷）。损失厌恶所隐含的意思是无论比赛结果如何，N最终都会产生一种中立的情感体验，而F可能会感到愉悦或者沮丧，两者概率相等（对这两种可能的结果的期望值是消极的）。但是，这种分析只考虑了比赛结果。比赛过程本身带来的快乐，怎么没考虑在内呢？在这一点上，N不会在比赛过程中得到太多的情感体验，因为很显然，他不太在乎，他很可能会花时间去查看电话或者不断更换电视频道。相反，F会经历情感上的大起大落，感觉自己与球队以及比赛结果息息相关，因此在整个比赛过程中都会全神贯注。现在，如果我们把比赛体验和最终结果都考虑在内，那么我们可以说，在每场比赛结束后，狂热的球迷都有可能经历巨大的失望和痛苦，但与此同时，他们也从比赛过程本身获得了很大的享受。就像生活中的许多其他领域一样，过程常常比最后的结果重要得多。

体育运动，损失厌恶，情感

致 谢

能得到这么多人的信任，并有机会解答这么多的问题，我感到万分荣幸。首先，人们向我提出的问题教会我许多东西，让我有机会思考人们感到困惑并为之挣扎的各种难题和困境。其次，我对问题的解答就像解开了一个个谜团，这让我感到快乐。这种快乐来自分析这些问题、延伸这些问题，使其变得更加宽泛，显出其本来面目，有助于我们从社会科学的视角来审视关于这一话题我们所了解的和不了解的细节。再次，快乐的源泉来自我的希望（或许有些天真），我希望我的回答是有趣的或对某些人是有所帮助的。最后，我发现以非常有限的字数去清楚地表达一种观点，这非常具有挑战性，并且会带给我很大的满足感。

这本书源自我在《华尔街日报》上的专栏。我从来没有在《华尔街日报》上向专栏编辑公开表示过感谢，通过撰写这本书，让我有机会向他们表达我的感谢。每隔一个星期，我都会收到简短有益的提示，告诉我如何写作，如何更加清晰地表述，当然，还有如何坚持到最后。在此，向我的编辑们——彼得·森格尔、沃伦·巴斯和加里·罗森表达我深切的未经编辑审查的谢意。

因为这本书包含了之前在《华尔街日报》上刊发的一些内容，因此也有很多律师参与其中。这本书动用了为《华尔街日报》工作的律师，还有来自哈珀–柯林斯出版社的律师。最重要的是，还有一件事比较棘手，那就是我希望这本书的收益可以用来支持社会科学方面的研究——任何人面对这些情况都可能会感到崩溃。请注意，我并没有向任何一位相关律师表示感谢，但我一定要向我的文稿代理人吉姆·莱文及其文稿代理团队表达我的感谢与敬意，感谢他们排除一切困难交付该项目。同样值得表扬的还有由克莱尔·瓦赫特尔领导的哈珀–柯林斯出版社团队，感谢出版社团队工作人员的帮助、友好和耐心。

倘若没有威廉·赫斐利的付出，这件事做起来就不会这么有意思，或者读起来也不会这么有趣。我们开始合作时都非常谨慎，只用了一幅漫画，想测试一下合作的可能。但是，事情很快变得明朗起来，我们在许多话题上的观点极其相似。我们愉快地就读者的问题、我的回答以及威廉关于诸多话题颇有见地的看法交换了意见。我已经迫不及待地期待威廉的邮件，想看到他为每个星期回答问题所绘制的漫画。

我还要向那位充当我的军师、助手以及至交的人表示无尽的感激。此人总是为我提供中肯的建议，并确保我能够接受，这个人就是梅根·霍格提。同样要深表谢意的还有玛特·特罗尔和艾琳·阿林厄姆，她们帮助组织、分类和改善本书的内容，使整个写作过程都很愉快。

最后，假如没有我可爱的妻子苏米，情况又会如何呢？或许关于夫妻关系，我所能给予的最佳建议就是要找一位你崇拜的，并渴望在某些重要方面与其看齐的人——然后，终其余生努力提高并追赶上这个人。我自己就采纳了这一建议，我可以亲自证明这种方法会使人的生活发生多么奇妙的变化。

我花了大量时间环游世界、谈论我的研究，并向那些愿意倾听的人提供建议。这种生活方式，存在着一种真正的风险，容易造成自我膨胀。但当我回到家，很快就有人提醒我在智慧、善良以及慷慨方面需要学习的知识还有很多。

爱你们的

丹·艾瑞里